中国特色社会主义"五大建设"丛书

创新转型
与可持续发展

张晖明 著

重庆出版集团 重庆出版社

图书在版编目(CIP)数据

创新转型与可持续发展 / 张晖明著. —重庆:重庆出版社, 2014.6

(中国特色社会主义"五大建设"丛书)

ISBN 978-7-229-08176-8

Ⅰ.①创… Ⅱ.①张… Ⅲ.①中国经济—经济可持续发展—研究 Ⅳ.①F124

中国版本图书馆CIP数据核字(2014)第128147号

创新转型与可持续发展
CHUANGXIN ZHUANXING YU KECHIXU FAZHAN
张晖明 著

出 版 人:罗小卫
责任编辑:曾海龙 王晓静
责任校对:郑 葱
插图作者:王 果
装帧设计:重庆出版集团艺术设计公司·蒋忠智 黄 杨

重庆出版集团
重庆出版社 出版

重庆长江二路205号 邮政编码:400016 http://www.cqph.com
重庆出版集团艺术设计有限公司制版
自贡兴华印务有限公司印刷
重庆出版集团图书发行有限公司发行
E-MAIL:fxchu@cqph.com 邮购电话:023-68809452
全国新华书店经销

开本:889mm×1194mm 1/32 印张:6 字数:130千
2014年6月第1版 2014年9月第2次印刷
ISBN 978-7-229-08176-8
定价:16.00元

如有印装质量问题,请向本集团图书发行有限公司调换:023-68706683

版权所有 侵权必究

丛书编委会名单

总顾问：朱之文　童世骏
顾　问：刘承功　林尚立
编委会主任：吴晓明
副主任：萧思健　胡华忠　高国希　袁　新　周　晔
编　委：刘　月　金伟甫　罗小卫　陈兴芜　别必亮
　　　　吴进科　王晓静

总 序

在全党全国深入学习宣传贯彻党的十八大和十八届三中全会精神之际，由复旦大学马克思主义研究院和党委宣传部组织撰写的《中国特色社会主义"五大建设"丛书》同大家见面了，这是复旦大学以及上海市部分知名学者在马克思主义理论和中国现实研究方面所作出的重要探索。

作为马克思主义中国化的重要理论创新，党的十八大第一次提出了社会主义"五大建设"，即经济建设、政治建设、文化建设、社会建设、生态文明建设等方面的重大部署。并且提出：在经济建设上，必须坚持发展是硬道理的战略思想，以科学发展为主题，以加快转变经济发展方式为主线，把我国经济发展活力和竞争力提高到新的水平。在政治建设上，必须坚持走中国特色社会主义政治发展道路，继续积极稳妥推进政治体制改革，坚持党的领导、人民当家做主、依法治国的有机统一，发展更加广泛、更加充分、更加健全的人民民主。在文化建设上，必须走中国特色社会主义文化发展道路，积极培育和践行社会主义核心价值观，丰富人民精神文化生活，提高国民素质，扎实推进社会主义文化强国建设。在社会建设上，必须加快健全基本公共服务体系，加强和创新社会管理，以保障和改善民生为重点，多谋民生之利，多解民生之忧，解决好人民最关心、最直接、最现实的利益问题。在生态文明建设上，必须树立尊重自然、顺应自然、保护自然的生态文明理念，坚持节约资源和保护环境的基本国策，着力推进绿色发展、循环发展、低碳发展，实现中华民族的永续发展。这"五大建设"内容丰富、意义深远，不仅需要在实践上扎实推进，而且需要在理论上深入地加以探讨和阐述。

马克思主义理论研究，无疑具有十分重要的学术向度。我们知道，马克思在进行例如政治经济学批判的研究工作时，曾为自己提出过多么高的学术要求。正是这样的学术要求，使得马克思在哲学和社会科学的几乎每一个领域中，都有自己独到的发现和深刻的见地。列宁曾说过，不研究黑格尔的《逻辑学》，就不能真正读懂《资本论》——马克思主义理论的学术向度，于此可见一斑。在这个意义上应当说，如果没有很高的学术要求，马克思主义的理论研究就不可能真正持立；如果放弃或贬低其学术要求，则无异于理论上的自我打击。更加重要的是，马克思主义理论的全部学术要求，归结到最根本的一点，就是深入并切中当下的社会现实。如果没有这一根本之点，马克思主义的理论研究同样不可能真正持立。但人们往往太过轻易地想象"现实"一词，仿佛达于现实或把握现实是不需要什么理论或学术的，甚至还往往用关注现实来作为拒斥理论和学术的口实。这是一种严重的——甚至是危险的——误解，它把"现实"同一般所谓的"事实"混淆起来了。必须明白，与一般的事实不同，现实不是在知觉中就能直接同我们照面的。用黑格尔的话来说，所谓现实，乃是实存和本质的统一，是在展开过程中表现为必然性的东西。因此，如果仅仅滞留于"实存"而达不到本质，达不到在展开过程中的必然性，我们就根本不可能窥见或触到现实。海德格尔曾指出，马克思的历史学之所以优越于其他的历史学，是因为它深入到历史的本质性一度中去了；也就是说，深入到社会现实中去了。

为了真正地把握社会现实，不仅需要坚实彻底的理论，而且需要使这样的理论深入到社会的实体性内容中去，并通过这样的深入而实现其全面的具体化。之所以这么说，是因为现实本身是具有实体性内容的，并因而是具体的。遗忘了这一点，再高明的理论也只能被当做"外部反思"来加以运用，也就是说，被当做某种公式来教条主义地加以运用。所谓外部反思，就是作为忽此忽彼的推理能力，它从来不深入到社会的实体性内容本身之中；但它知道一般原则，而且知道把一般原则抽象地运用到任何内容之上。如果说，我们曾经在"二十八个布尔什维克"那里见到过某种教条主义的马克思主义，那么在今天的社会科学中同样很容易发现那种"仅仅知道把一般原则抽象地运用到任何内容之上"的外部反思。在这种情况下，真正的社会现实不仅没有被把握住，而且实际上早已消失得无影无踪了。因此，黑格尔把外部反思叫做主观思想和现代诡辩论，甚至叫做"浪漫主义及其虚弱本质的病态表现"。同样，对于马克思和恩格斯来说，历史唯物主义的原理决不是可以当做抽象原则而无条件地加以运用的东西；恰恰相反，它们仅仅是一些科学的抽象，这些抽象离开了现实的历史和具体的研究就没有任何价值。如果把它们当做"可以适用于各个历史时代的药方或公式"，那么，在这里出现的就不是历史唯物主义，而是历史唯物主义的反面。

由于马克思主义学术和理论研究的主旨是把握社会现实，所以，对于今天中国的马克思主义理论研究来说，其根本的任务就在于深入并切中当今中国的社会现实。这一社会现实是以中国自近代以来的历史性实践（特别是改革开放以来的历史性实践）为基础的，并且是在"中国道路"的历史进程中实现其具体化的。不研究中国自近代以来的历史性实践，不研究中国道路在历史进程中的整体具体化，就根本不可能真正理解和把握当今中国的社会现实，因而也就没有真正意义上的当代中国的马克思主义理论研究，或者至多只能有某种疏阔散宕的经院式的研究。对于中国化的马克思主义理论研究来说，没有一项任务比深入地了解中国社会，从而把握其具体的历史进程和实体性内容来得更加紧迫了。因此，复旦大学马克思主义研究院倡导在深入研究马克思主义基本原理的同时，更加切近地探究当今中国的社会现实，以期使马克思主义的基础理论同真正的"中国问题"和"中国经验"结合起来。我们面前的这套《中国特色社会主义"五大建设"丛书》，就是希望在这方面做出某种积极的尝试和有益的探索。

"五大建设"丛书共11种，主要研究改革开放以来，我国在经济、政治、文化、社会和生态等领域的发展变化，以及在新的历史条件下这些领域所面临的问题、挑战和任务。《全球视野下的中国道路》一书，从中国道路对人类文明的历史性贡献、中国道路对发展中国家的示范效应、中国道路对世界社会主义运动的意义三个方面，探讨中国道路的世界意义。《"中国梦"的文化解析》从"中国梦"新时代的新概念、"中国梦"的演进轨迹、"中国梦"的当下使命、文化为"中国梦"立基等几个方面,从文化的根底处解析"中国梦"。《理性与梦想:中华腾飞的精神两翼》一书,阐述了理性与梦想在中国发展取得举世瞩目成就、实现中华民族伟大复兴历史进程中的重要意义,指出理性平和与追逐梦想缺一不可、相互支持。《创新转型与可持续发展》一书,以"经济发展方式"作为研究问题的核心范畴,着重讨论了"中国奇迹"的时代特点、中国社会生活各领域深刻变革以及当前经济发展阶段新特点等问题。《协商民主:中国的创造与实践》一书,从协商在中国民主中的意义、协商民主与中国政治建设、政治协商与协商民主、社会协商与社会建设、公民协商与基层民主发展几个方面,深刻解读我国的协商民主制度。《穿越问题域:科学发展观重大理论问题探要》一书,围绕发展、改革与稳定,经济、政治与文化,市场、资本与权力,公正、效率与持续,自然、个人与社会等五个方面,理解并阐释科学发展观蕴含的整个问题域,以辩证的方法理解我们在经济社会的建设中必定会遭遇到的各种错综复杂的关系。《生态文明:人类历史发展的必然选择》从生态学视角观察人类文明形态的进化史,在阐述人类对人与自然关系的各种认知、思考和探索的同时,对十八大报告中有关生态文明建设论述作出深入解读。《战略性新兴产业发展的新模式》一书,厘清了战略性新兴产业的历史背景与现实意义,阐释战略性新兴产业的内涵与特性,并借鉴欧美发达国家的战略和政策,为我国目前战略性新兴产业的发展提出了新的模式和政策设计。《社会建设与全面建成小康社会》一书，从社会建设的定位和布局、社会建设的挑战和任务、社会建设的改革和突破等方面，集中探讨了社会建设和国家发展中的有关问题。《核心价值观视野下的社会建设》一书，以社会建设为对象，从理论、历史、现实的三重维度，对社会主义核心价值观与社会建设相互融合进行了解读和阐释。《社会主义中国在开拓中前进》一书，围绕中国特色社会主义的本土根据与阶段特征、坚持和发展中国特色社会主义、建设与时俱进的社会主义意识形态、促进社会主义更健康地发展几个部分，来阐释中国特色社会主义包含的丰富理论内容。

这套丛书是一个积极的尝试，其主旨是在密切关注当代中国发展之历史进程的同时，推进马克思主义的理论研究。如果说，关注并切中社会现实乃是马克思主义研究的题中应有之义，那么，我们完全有理由期待在这样的领域中会迎来理论研究新的繁花盛开。我们希望有更多的学者能参与到这样的研究中来。是为序。

吴晓明
2014 年 1 月

目 录

◇ **总　序** /1

◇ **开场白** /1

◇ **第一章**
改革释放创新能量，中国经济连上台阶 /11
一、传统的经济管理体制束缚生产力发展，导致"短缺经济" /13
二、改革推进发展的阶段特点 /16
三、经济发展连上台阶的成果表现 /22
四、经济发展是为了人民生活不断改善 /28

◇ **第二章**
经济发展的约束条件变化：发展方式转型的迫切性 /31
一、引入对宏观经济产出的投入评价
　　对既有经济发展方式效用的理论分析 /34
二、从人口资源环境关系
　　看经济发展方式转变的必要性、紧迫性 /39
三、从速度效益质量关系
　　看经济发展方式转变的必要性、紧迫性 /43

四、从经济体制模式结构的相互关系
　　看转变经济发展方式的必要性、紧迫性 /46
五、从经济社会文化体制发育的系统整体协同
　　看转变经济发展方式的必要性、紧迫性 /48
六、从中国经济融入世界经济，协调内外关系平衡
　　看转变经济发展方式的必要性、紧迫性 /50

◇ 第三章
中国经济发展方式转型的路径和方式 /55
一、中国经济的发展驱动能力转变 /57
二、经济发展目标、评价机制的转变带动主体行为方式转变 /66
三、全面深化改革，促成经济发展方式加快转变 /71

◇ 第四章
体制创新释放"改革红利" /77
一、"改革红利"的意义理解 /79
二、培育可持续发展机制的改革因素讨论 /82
三、破解"既得利益结构"藩篱，"攻坚"前行 /84
四、"以开放促改革"的思考 /88

◇ 第五章
科技创新与经济竞争力培育 /97
一、内生经济增长的主题内容 /99
二、新时期产业技术进步主要形式 /103
三、高新技术产业与产业技术进步 /109
四、战略性新兴产业的理解与运作 /115

目录

五、科技体制创新与科技的跨越式发展 /120

◇ 第六章
组织管理创新与经济运行质量提升 /125
一、新时期经济发展中的组织创新 /127

二、组织创新的具体形式表现 /132

三、组织创新带来分工和合作关系完善 /138

四、管理创新的意义 /142

五、管理创新的典型案例和启示 /145

六、管理创新的成功经验与普世价值运用 /156

◇ 第七章
可持续发展的中国经济 /159
一、以制度建设为抓手推进"五位一体"系统建设 /161

二、以全面深化改革驱动可持续发展，
  跨越中等收入发展阶段 /164

三、增强中国特色社会主义道路自信，
  推进经济可持续发展 /167

◇ 附 录
迈克尔·波特的钻石理论和国家发展的四个阶段 /171

开场白

当下,"创新转型"已经成为我国全面深化改革,到 2020 年全面建成小康社会的工作方针。"创新转型"的本意是指借助改革开放的东风,在既往经济发展取得显著成就的基础上,以改革驱动创新,以创新驱动经济发展方式转变,使我国经济发展从传统的粗放型的依靠资源投资推动的发展转向集约型的以创新推动的发展,从"唯 GDP 主义"(即单纯追求产值增长)转向经济社会全面协调发展,保持可持续发展能力。也就是说,在我们已经取得举世瞩目的发展成就的基础上,不自满、不懈怠,以自强不息的精神面貌和扎实努力的实际行动,迈上新的更高发展阶段,朝着中华民族伟大复兴的中国梦努力前行。正如中国共产党十八届三中全会通过的《关于全面深化改革若干重大问题的决定》中所指出的,"实践发展永无止境,解放思想永无止境,改革开放永无止境"。[①]

本册专题研究,围绕"创新转型和可持续发展"主题,

---

① 引自《中共中央关于全面深化改革若干重大问题的决定》,新华社北京,2013 年 11 月 5 日。

以"经济发展方式"作为研究问题的核心范畴，着重从以下几个方面展开讨论。如何解读"中国奇迹"，充分认识改革开放对于解放生产力和释放发展红利的作用机理，增强全面深化推进改革的自觉性；如何充分认识在经济体制改革牵引下我国社会生活各领域所发生的深刻变革，保持经济社会发展的协调平衡可持续，处理好经济发展与资源环境之间的关系、处理好经济发展进程中政府与市场的关系、处理好产业结构优化与技术进步升级之间的关系；如何认清经济发展阶段特点，根据新阶段出现的新的约束条件，及时有力地推进发展方式转变，培育技术进步、产业升级和参与国际竞争实力，顺利跨过"中等收入"发展阶段，形成内生的、可持续的经济发展能力。

一、十一届三中全会开辟
中国经济社会发展的新时期

1978 年 12 月，中国共产党召开了十一届三中全会，就在这次全会上，中国共产党第二代领导集体的核心邓小平同志提出"全党工作的重心转移到经济建设上来"的主张，得到全会的确认。与此同时，全会还明确了"改革、开放"的工作方针，改革的旗帜高高举起，开拓了中国经济社会发展的一条全新的道路。

回溯中华人民共和国成立以来，中国经济发展的历程，我们在建设独立工业体系的努力中取得了一定的成功。但是，在如何处理好中央与地方、政府与企业、计划与市场等涉及到经济体制建构内容方面，缺乏深入的理论研究和清晰的理解把握能力，只是简单地照搬"斯大林模式"①，以至于经济体制安排与中国社会的生产力水平严重脱节，在高度集权的计划经济体制下，在中央与地方关系处理上，地方没有积极性；在政府与企业的关系上，企业成为政府行政机构的"附属物"，失去能动的创造精神，吃国家的"大锅饭"；在企业经济活动场合，统包统配的就业方式和收入分配体制，劳动者个人的主观理性被排斥，以至于劳动者没有积极性，吃企业的大锅饭，导致全社会经济运行效率不高，经济发展缺乏活力，经济发展总是处在"短缺"状态，人民生活水平提高不快。正是这样，现实社会主义实践面临着严峻的考验。在这样的背景下，人们不得不反思现实社会主义究竟应该如何选择自己的发展道路，邓小平以"实事求是"的科学态度，大胆提出"贫穷不是社会主义，发展太慢也不是社会主义"的观点。1978年9月16日，他在听取吉林省委常委汇报工作时说："按照历史唯物主义的观点来讲，正确的政治领导的成果，归根结底要表现在社会生产力的发展上，人民物质文化生活的改善上。如果在一个很长的历史时

---

① 指苏联传统社会主义经济体制模式。

期内，社会主义国家生产力发展的速度比资本主义国家慢，还谈什么优越性？"[1] 今天我们重温这段话，更加体会到邓小平作为伟大的马克思主义者对国运民生的拳拳爱心，以"实事求是"的科学态度，思考着中国发展的历史命运，倡导"思想解放"运动，拨乱反正，提出全党工作重心应当回到经济建设轨道上来，重视生产力发展，使我们党重新回到正确的指导思想和工作路线上来，开辟了改革开放发展的新时代。中国改革开放发展所走过的过程，充分验证了这一方法的真理性和科学性。也启发我们，在以后的发展进程中，需要始终坚持这一基本原理的指导。

三十多年来，中国经济在"改革"力量的驱动下，持续前行，连续迈上多个台阶，保持了年均9.8%以上的增长速度[2]，创造了人类历史上的"中国奇迹"。把全党工作重心转到经济建设上来，正是基于对既有的社会主义实践的深刻总结检讨，对片面追求"一大二公"，脱离现实生产力实际"左"的错误的矫正纠偏，重新回到马克思主义历史唯物主义基本原理主张的立场上来。

---

[1]《邓小平文选》第二卷，人民出版社，1993年版。
[2] 张雁：《人类历史上的奇迹》，《光明日报》，2013年11月21日。

二、围绕"经济发展方式"为重点内容研究创新转型

在这里,我们首先对"经济发展方式"的概念内涵进行讨论,以便进一步聚焦研究对象,突出研究主题。什么是"经济发展方式"?乍看起来,这一概念范畴似乎十分抽象,细细分解,不难发现其内涵恰恰与我们的日常生产生活内容密切相关。此前在我们的经济研究视野中,比较多地强调"经济增长",或者说,只是关注经济活动自身的规模和总量的提高。与"经济发展方式"比较,采用"经济增长方式"的范畴,可以说是对于经济的理解只是关注量的扩张增长,单一维度考量经济活动数量是如何实现的。而"经济发展方式"概念意义的内涵丰富得多,"经济发展"一般是指经济总量增加与经济结构优化同时加以重视,不仅关注经济活动数量提高,同时还关注与这些数量提高相伴随的其他多个方面,具有包括经济数量增长在内的多个维度的系统关联优化的视野,着眼于在经济增长基础上的经济体系构造的整体发育提升优化,甚至还有从事生产活动的企业组织结构的优化和经济机制的优化。党的十七大政治报告最早提出了

"转变经济发展方式"的概念，比以往所提的转变经济增长方式具有了更加广泛和深刻的含义。诚然，经济增长依然是经济发展的本体和基干，离开经济数量增加而谈经济结构优化也是不可能的。由此延伸可以理解为，所谓经济发展方式转变就是促使传统的、既有的经济发展方式向主要依托技术进步和劳动生产率提高为特征的现代的、新的经济发展方式转化。基于以上分析，我们还可以进一步拓展对于经济发展方式相关内容的理解。因为与一定的经济发展阶段、一定的经济发展战略和一定的经济体制相关联，实现经济发展的方法、途径和模式会有较大的差异。经济发展方式，除了包括经济增长方式所指的生产要素组合方式和生产要素配置方式外，还包括经济结构、产业结构、城乡结构、区域结构以及分配结构、社会结构、环境生态、人口资源、安全稳定等方面的内容，与经济增长方式内涵主要关注经济增长有所不同，经济发展方式的涵盖面要广得多。

那么，什么是经济发展方式转变呢？基于前述对经济发展方式的具体内容的叙述，也就不难理解经济发展方式转变的具体含义了。所谓经济发展方式的转变就是指经济发展方法、途径和模式的转变。党的十七大报告对此有清晰的阐述："要坚持走中国特色新型工业化道路，坚持扩大国内需求特别是消费需求的方针，促进经济增长由主要依靠投资、出口拉动向依靠消费、投资、出口协调拉动转变，由主要依靠第二产业带动向依靠第一、第二、第三产业协同带动转变，由主要依靠增加物质资源消耗向主要依靠科技进步、劳动者素质提高、管理创新转变。"[1] 这是我们党对经济发展方式转变内涵的科学概括，实现这"三个转变"需要更加注重全面协调可持续发展，更加注重经济结构、产业结构、城乡结构、区域结构、分配结构的调整，更加注重速度与质量、速度与效益、内需与外需、投资与增长、发展与民生、增长与环境、经济与社会等各方面关系的把握。党的十八大对此也有清晰的论述，特别强调"以科学发展为主题，以加快转变经济发展方式为主线"，这是"关系我国发展全局的战略抉择"。就是要把"发展的立足点转到提高质量和效益上来"，"不断增强长期发展后劲"。党的十八届三中全会在《全面深化改革若干重大问题的决定》中，结合经济体制改革深化，使市场在资源配置中发挥决定性作用，又一次明确提出"加快转变经济发展方式，加快建设创新型国家，推动经济更有效率、更加公平、更可持续发展"。可见，党中央在推进改革开放发展事业进程中，总是十分关注经济发展方式转变，并将其作为经济工作的主线。推进创新转型的工作着力点，就是要在经济发展方式转变上下功夫，通过深化经济体制改革，以经济改革牵引带动其他各方面的改革，为经济发展方式转变创造更加适宜宽松的体制和社会环境。

---

[1] 胡锦涛：《高举中国特色社会主义伟大旗帜，为夺取全面建设小康社会新胜利而奋斗》，2007年10月15日。

三、立足于改革开放发展的丰富实践，探索"创新转型"之路

中国共产党第十八次全国代表大会发出了"全面建成小康社会"的动员令，全面总结了中国特色社会主义建设事业的经验，对中国特色社会主义事业继续向前推进，作出经济、政治、文化、社会和生态"五位一体"的建设总布局安排，表明我们党对治国理政的工作内容的驾驭能力的提升。会议提出，到2020年实现全面建成小康社会，"在发展平衡性、协调性、可持续性明显增强的基础上，实现国内生产总值和城乡居民收入比2010年翻一番"的宏伟目标。落实这一工作目标要求，需要我们运用经济学理论认真总结新时期经济发展的实践经验，形成系统、深刻的新见解，并转化为各方面的自觉行动。

我们对创新转型的研究，主要是基于对中国改革开放三十多年来的经济发展实践进程的实证考察，从中国经济动态演化进程，对既有的经济发展方式加以检讨，分析解剖经济增长速度与增长质量、经济结构、资源环境、产业组织、体制机制等多方面的关系；同时，我们还要借鉴运用现代经济

学理论，以开放的视野，进行比较研究，充分吸收人类文明的成果，同时也为发展中国家提供中国发展经验，为人类文明作出应有的贡献；当然，更重要的是，通过运用系统分析方法，总结提炼既有实践的经验成果，探寻科学发展的路径，对经济发展方式转变的理论认识有新的深化、对实际经济发展机会的挖掘和发展政策的设计和抉择提供指导，夯实新发展阶段的发展基础，为实现到2020年国民生产总值翻番目标提供理论支撑。

中国共产党十八届三中全会所做的《关于全面深化改革若干重大问题的决定》中所指出的，"改革开放是党在新的时代条件下带领全国各族人民进行的新的伟大革命，是当代中国最鲜明的特色。""改革开放最主要的成果是开创和发展了中国特色社会主义，为社会主义现代化建设提供了强大动力和有力保障。"[1] 通过对中国改革开放三十多年来的梳理总结，也可以帮助我们加深对改革本质的深刻理解，从改革开放的实践总结，理解改革对于解放和发展生产力、解放和增强社会活力的作用机制，对于我们始终坚持以经济建设为中心，在推进全面改革进程中，发挥经济体制改革的牵引作用，对改革是中国当前发展的最大的红利，有更加深切的理解，以改革驱动创新，实现经济发展方式的转变。推动生产关系同生产力、上层建筑同经济基础相适应，推动经济社会持续健康发展。

基于以上对研究思路和方法的梳理，我们对本书各章内

---

[1] 引自《中共中央关于全面深化改革若干重大问题的决定》，新华社北京，2013年11月5日。

容的安排是，第一章主要研究改革如何释放创新能量，带来发展红利，促进中国经济连续迈上多个台阶，一跃而成为GDP总量全球第二；第二章全面检讨经济发展新阶段面临的约束条件的变化，揭示经济发展方式转变的迫切性；第三章我国经济发展方式转型的路径，从发展方式转型的驱动能力、发展评价机制、发展主体的经济关系优化展开论述；第四、五、六章分别从经济体制改革深化驱动创新、科技和产业创新以及管理创新驱动发展方式转型加以讨论；最后，对我国经济发展方式迈向可持续道路，结合国家治理体系的整体创新展开讨论，以求真务实的探索进取精神，践行中国特色社会主义，增强理论自信、制度自信和道路自信。

本书作为复旦学者群体集体研究的系列成果之一，组织者分工由我承担"经济方式转变"的研究主题和写作任务，恰好与我承担并正在进行的国家社会科学研究重点项目"中国经济学的建设与发展研究"（项目批准号：11AZD083）和复旦大学"985工程"三期整体推进社会科学研究项目"中国崛起的政治经济学诠释与政治经济学理论创新研究"（批准号：2012SHKXYB001）的有关研究内容相契合。因此，本书也是这两个项目研究的中间成果。我所联系的复旦大学应用经济学博士后流动站研究人员张亮亮博士、所指导的博士研究生孙懿和郭舒参与到有关创新的第四至六章的初稿起草工作，因此本书能够按期交稿有他们的贡献。特此说明。

第一章

改革释放创新能量,中国经济连上台阶

经过了三十多年的改革开放，中国经济社会发生了翻天覆地的变化。而这种变化以1978年12月中国共产党十一届三中全会为标志，在邓小平的倡导下，以"解放思想"开路，运用"实事求是"的思想武器，从中国经济社会现实出发，对传统社会主义体制的改革，使各类经济主体赋予活力，释放出驱动生产力发展的巨大能量，走上了中国特色的社会主义发展道路。今天，我们站在了一个新的发展起点上，用邓小平所开创的中国特色社会主义理论来检讨传统体制的弊端，反思改革开放进程不同阶段实践所面对的体制瓶颈和难点，可以使我们更好地加深对中国特色社会主义理论的理解，更加自觉地实践并不断完善中国特色社会主义制度，沿着中国特色社会主义道路继续前行。

一、传统的经济管理体制束缚生产力发展，导致"短缺经济"

经过三十多年的改革，中国经济社会已经发生了深刻的变化。按照马克思主义的基本原理，实践是检验真理的唯一标准，评价一个体制是否合理，反顾检讨改革前的中国经济管理制，可以在理论和实践多个层面有更加系统深入的认识，使之成为我们进一步全面深化推进改革的精神财富。

我们是在半殖民地半封建社会的基础上经过新民主主义革命走上社会主义制度建设和实践道路的，长期的封建社会制度的禁锢，传统的"重农抑商"文化浸润，使我们对商品经济是如何刺激分工、促进生产力发展的作用机理没有深切的体会。尽管有一批文人贤士接受了西方工业文明的影响，致力于推动中国社会如何融入世界前行潮流，甚至提倡"变革维新"、发起"洋务运动"，但是，在强大的封建统治力量面前，这种对"现代化"向往的骚动，仍然是显得那样孱弱，最终没有能够给中国社会产生什么大的实质性的影响。1921年，中国共产党诞生，中国社会有了以马克思主义理论作为指导思想的先进政党。正是在中国共产党的英明领导下，中国人民搭准人类社会进步的脉搏，从中国国情出发，找到了一条变革中国的正确路线，经过新民主主义革命，建立社会主义制度，步入社会主义建设的发展道路。

正是在这样的背景下，选择传统的高度集中的计划经济管理体制有着一定的必然性，因为我们对如何在一个生产力比较落后的国家建设社会主义在理论方案上是准备不足的。因此，简单照搬被称之为"老大哥"的苏联已经实践三十多年的经济管理体制就是顺其自然的事情。这种体制似乎表现出马克思主义经典作家对未来社会所描述的图像，社会经济活动由一个集中计划管理部门加以安排，然而，经典作家对未来社会提出的设想是他们建构的科学社会主义理论体系的一部分，他们所设想的社会主义社会是在生产力最发达的资本主义社会基础上出现的。即使是在当时的苏联，也是处在资本主义发展的薄弱环节，生产力水平相对落后，由于苏联社会主义制度的出现，处在资本主义的包围之中，战争[①]的因素和建设自身独立的工业体系的需要，使这种高度集权的经济体制发挥出直接的集中控制资源的作用，表现出具有"集中力量办事"的"能力"和"效率"，似乎强化了对集中计划经济体制的所谓"优越性"的理解和认识。这样，对于后来的选择社会主义制度的中国，必然具有先行者的"示范"作用。因此，中国经济体制的建构和安排选择"照抄照搬"也就具有一定的必然性。因此，我们可以说，正是由于

---

① 指苏联国内战争。1918年夏天，协约国帝国主义与俄国国内反革命势力联合向新生的苏维埃政权发起进攻，在这种情况下，苏维埃政府决定把国内一切工作纳入战时轨道，制定并实施了战时共产主义政策，强化了资源集中管理的体制和做法。

在如何建构社会主义经济管理体制问题上存在着"理论准备不足"的原因，我们跟进地采用了高度集中的计划经济管理体制，这种体制在医治战争创伤、建设独立的工业体系进程中也发挥了较好的作用，也进一步强化了对它的"迷信"。

除了理论认识的一面之外，在实践层面，对照马克思主义历史唯物主义基本原理加以检讨，实际上就是生产关系严重脱离生产力。客观上说，当时我国国民经济中的现实生产力水平仍然十分落后，基本上处在以农业经济为主体的国民经济结构状态，资源禀赋、人口数量和受教育水平相对落后，社会生产力的分布在东中西部之间存在较大差异。在这样的物质基础之上，简单地选择高度集中计划经济体制，追求经济形式上的"一大二公"，严重地脱离了生产力现状，尽管在这一过程中也有过一定的探索，但是，简单的感性的对既有的社会主义规定性的理解，人们在行动上甚至有"宁左勿右"的价值选择，实际上是一种理论认识上的"懒汉"和实践行动上的"麻木"。这种表现的极端形式就是"十年浩劫"，甚至有所谓"宁要社会主义的草，不要资本主义的苗"的极端说法。今天看来，这是多么无知和"疯狂"。实践证明，如何基于对生产力实际和社会发展阶段特点的基本判断，选择经济体制的具体设计安排，直接决定影响整个经济运行的活力、能力和产出效率。在现实社会主义前行进程中，这方面的经验教训仍然值得我们继续吸取借鉴。

严重脱离生产力实际的高度集中的计划经济体制，使国民经济运行活动的各类主体失去活力，表现为全社会的资源配置完全由中央计划当局的调度，导致社会经济运行完全以纵向的计划信息方式传递，导致对经济的控制管理与实际经济活动之间的严重脱节。具体表现为，中央与地方之间的统收统支关系，导致地方没有积极性；社会再生产所需要的生产资料和劳动力实行统包统配，企业成为政府机构的附属物，没有独立自主地生产调度权，必然只能是躺在政府身上吃"大锅饭"，作为再生产活动的直接经济主体，被动地接受上级指令和考核，没有什么活力；职工就业统包统配、工资分配的平均主义，使得个人没有学习进取的积极性，个人的创造能动作用难以发挥。由此必然带来整个国民经济效率低下，经济运行一直处在"短缺经济"状态。"短缺经济"必然表现为社会生产力提高不快，居民收入水平、生活水平提高不快，也就必然会触动人们对社会主义能否继续走下去的信心。

二、改革推进发展的阶段特点

社会主义面临着极大的挑战，如何面对关乎中国发展的前途和命运。正是在这样的背景下，邓小平以无产阶级革命家的气魄，坚持马克思主义历史唯物主义方法论，"解放思想、实事求是"，拨乱反正，主张把全党的工作重心转到经济建设上来，1978年12月，在中国共产党十一届三中全会确定了"改革开放"的工作方针，开辟了中国发展的新时代。

中国共产党十八届三中全会所做的《关于全面深化改革

第一章 改革释放创新能量，中国经济连上台阶

若干问题的决定》指出，"改革开放是党在新的时代条件下带领全国各族人民进行的新的伟大革命，是当代中国最鲜明的特色。党的十一届三中全会召开三十多年来，我们党以巨大的政治勇气，锐意推进经济体制、政治体制、文化体制、社会体制、生态文明体制和党的建设制度改革，不断扩大开放，决心之大、变革之深、影响之广前所未有，成就举世瞩目。开创和发展了中国特色社会主义，为社会主义现代化建设提供强大动力和有力保障"[①]。回顾中国改革开放三十多年的历程，从中国共产党十一届三中全会（1998年12月）起步，经过了十二届三中全会（1984年10月）、十四届三中全会（1993年11月）、十六届三中全会（2003年10月），一直到2013年11月召开的十八届三中全会为主要节点，改革开放步伐经历了五个阶段。

第一，改革的起步阶段（1978—1984年）。这一阶段的主要任务是，对国民经济结构存在的严重失衡问题加以调整纠偏，整顿国民经济活动秩序，同时通过主动调整农副产品价格，以农村改革为重点，推行家庭联产承包土地责任制，调动农民的生产积极性。在农村改革取得突破性进展的同时，城市工商企业开始了"放权让利"的改革探索，推行"利润留成"为主要形式的经济责任制，逐渐深化进入到"承包经营责任制"，在此基础上，围绕政府与企业关系的调整规范，从1983年起，对国有企业试行"利改税"第一步改革，1984年转入"利改税"第二步改革，由此促成企

---

① 引自《中共中央关于全面深化改革若干重大问题的决定》，新华社北京，2013年11月15日。

业主体"法人意识"的觉醒，大大调动了企业的经营积极性，经济运行绩效取得明显的改善，初步打破了集中计划管理的体制，"放权让利"的改革措施，给了企业自主安排生产的自主权，相对于既往的经济管理形式，实际上就是"计划外"行为的"市场"，市场机制调节开始萌生、作用并受到重视。与此同时，在深圳、珠海、汕头、厦门设立经济特区，开放沿海十四个城市设立国家级开发区，制造中国经济快速发展的"增长极"。

第二，改革开放全面展开阶段（1984—1992年）。这一阶段是在前期改革有良好开局基础上，以1984年10月召开的中国共产党十二届三中全会通过的《关于经济体制改革的决定》为标志，推开对于经济体制的全面改革。明确提出"对内搞活经济，对外实行开放"的工作方针，加快以城市为重点的整个经济体制改革的步伐。围绕经济体制建构中的"计划"与"市场"关系，第一次明确指出中国的社会主义经济是公有制基础上的"有计划的商品经济"，提出商品经济的充分发展是社会主义发展不可逾越的阶段，是实现中国经济现代化的必要条件。"有计划的商品经济理论"的提出，突破了既往把"计划"与"市场"对立起来的传统观念，作为市场经济基本规律的价值规律得到承认和应用。配合对企业的放权，允许企业在计划外自主安排生产、自主采购原材料、自主定价销售，生发出价格的"双轨制"，到20世纪90年代初，基本实现生产资料价格的并轨。这期间，围绕改革进程如何处理计划与市场关系，存在不同观点的争论，甚至将此与改革是否坚持了社会主义方向相联系。围绕改革是否继续沿着市场取向深入进行，1992年春节前后邓小平视察南方发表了一系列谈话，指出计划和市场都是调节经济的手段，从根本上解除了束缚人们思想的枷锁，为党的十四大确立社会主义市场经济体制改革目标扫清了理论上的障碍。改革进入探索将市场"作为配置资源的基础性手段"的工作阶段。

第三，明确社会主义市场经济体制改革目标的初期建设阶段（1992—2002年）。在邓小平"南方谈话"精神指引下，中国共产党第十四次全国代表大会明确了以"社会主义市场经济"作为我国经济体制改革的目标，标志着改革进入新的目标导向的阶段，1993年11月召开的十四届三中全会通过了《关于建立社会主义市场经济体制若干问题的决定》，对社会主义市场经济体制框架做出了具体设计，这就是以建立现代企业制度作为市场经济的微观基础、市场体系建设、政府管理体制建设、收入分配制度改革和社会保障制度建设五个方面。经济体制改革的整体性系统性推进进入新的认识和实践境界。这期间，对外开放又有新的突破，海南全岛作为最大的经济特区，上海浦东实行经济技术开发区和某些特区政策，批准设立保税区；我们成功地抵御了东南亚金融危机的冲击；2001年我国正式加入世界贸易组织（WTO），标志着我国经济发展融入全球化的程度进入到一个全新的阶段。社会主义市场经济体制改革为我国经济的发展注入新的驱动因素，保持了经济持续快速发展的势头。

第四，完善社会主义市场经济体制阶段（2002—2012年）。基于我国经济体制改革不断推进所取得的成果，市场在我国经济生活中逐步加强，特别是生产资料、生活资料定价基本全部放开由市场决定，资源配置由市场发挥基础性作用日益加强，2003年10月召开的党的十六届三中全会通过了《关于完善社会主义市场经济体制若干问题的决定》，明确提出在我国已经基本确立社会主义市场经济体制，改革的深化进入不断对之加以完善的新的阶段，提出了"坚持以人为本，树立全面、协调、可持续的发展观，促进经济社会和人的全面发展"。推进以统筹发展为主线的改革深化，处理好经济与社会、经济增长与技术进步、人与自然、资源节约与环境保护、城市与乡村一体化发展的关系。在加入世界贸易组织的后过渡期，金融体制改革步伐明显加快。我国经济发展的内在质量得到增强，政府调控经济的管理方式和管理能力得到提高。我国经济经受了2008年全球金融危机的考验，通过扩大内需的有效手段，保证了我国经济继续前行在相对高速的发展速度区间，并且自觉注意运用危机周期波动，加强自觉转变经济发展方式的工作力度。

第五，2012年11月，中国共产党第十八次全国代表大会召开，提出到2020年全面建成小康社会的目标和经济、政治、文化、社会、生态"五位一体"的现代化建设的总布局，成功地完成党的领导集体的权力交接。2012年11月29日，中共中央总书记习近平同志在带领新一届中央政治局常委参观"复兴之路"展览时，提出了实现中华民族伟大复兴的"中国梦"。2013年11月召开的党的十八届三中全会通过了《关于全面深化改革若干重大问题的决定》，拉开经济体制改革2.0版新阶段的序幕。

经过三十多年的改革，我国经济体制已经发生根本的变化，与改革推进相伴随，形成了一定的新的利益结构，在经济体制建构内部不可避免地存在的体制发育的不协调，经济

第一章　改革释放创新能量，中国经济连上台阶

三十五年的改革

- 第一：改革的起步阶段 1978—1984年
- 第二：改革开放全面展升阶段 1984—1992年
- 第三：明确社会主义市场经济体制改革目标的初期建设阶段 1992—2002年
- 第四：完善社会主义市场经济体制阶段 2002—2012年
- 第五：中共第十八大召开，提出五位一体的现代化建设总布局 2012年11月

体制已经发生的变革，还存在着政治体制、文化体制、社会体制和生态体制等方面诸多不协调问题，也产生了一定的利益分配关系不尽合理的现象，表明"我国发展进入新阶段，改革进入攻坚区和深水区"。正是这样，如何继续推进改革朝着全面深化方向前行，对中国经济能否保持稳定持续健康发展至关重要。改革是驱动各项创新的源头性的力量，通过制度创新、技术创新、组织创新和管理创新，推动中国经济发展方式的转变。十八届三中全会《决定》对我国推进全面深化改革做出部署，明确了总目标和加快发展社会主义市场经济、民主政治、先进文化、和谐社会、生态文明五大改革的具体任务，明确指出，"到2020年，在重要领域和关键环节"要"取得决定性成果"，"形成系统完备、科学规范、运行有效的制度体系，使各方面制度更加成熟更加定型"。[①]

[①] 引自《中共中央关于全面深化改革若干重大问题的决定》，新华社北京，2013年11月15日。

中国改革开放朝着全面纵深阶段推进,经济社会发展步入又一个新的历史时期。

三、经济发展连上台阶的成果表现

正是在改革开放的推动下,不断解放生产力,"让一切劳动、知识、技术、管理、资本的活力竞相迸发,让一切创造社会财富的源泉充分涌流,让发展成果更多更公平惠及全体人民。"① 改革开放以来的三十多年,是我国国民经济蓬勃发展、经济总量连上新台阶的三十多年,是综合国力和国际竞争力由弱变强的三十多年,也是成功实现从低收入国家向上中等(即中等偏上)收入国家跨越的三十多年。据《新华每日电讯》和《光明日报》有关报道②,1979 至 2012 年,我国国内生产总值年均增长 9.8%,同期世界经济年均增速只有 2.8%。在改革开放三十多年的时间里,除了亚洲金融危机和世界金融危机期间的个别年份,我国经济都保持了两位数的增长。

---

① 引自《中共中央关于全面深化改革若干重大问题的决定》,新华社北京,2013 年 11 月 15 日。
② 本节引用的相关数据均引自《新华每日电讯》、《光明日报》,2013 年 11 月 20—27 日有关报道。

——经济总量连上新台阶，综合国力大幅提升。国内生产总值由1978年的3645亿元跃升至2012年的518942亿元。经济总量居世界位次稳步提升，对世界经济增长的贡献不断提高。1978年，我国经济总量仅位居世界第10位；2008年超过德国，居世界第三位；2010年超过日本，居世界第二位，成为仅次于美国的世界第二大经济体。经济总量占世界的份额由1978年的1.8%提高到2012年的11.5%。

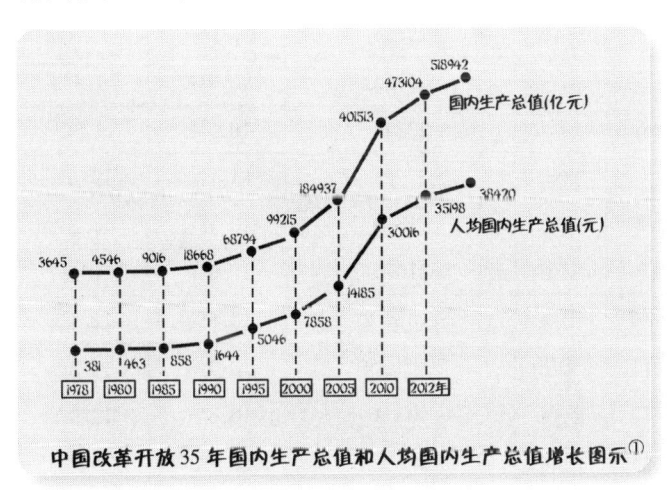

中国改革开放35年国内生产总值和人均国内生产总值增长图示[①]

——人均国内生产总值、人均国民收入不断提高。1978年人均国内生产总值仅有381元，2012年人均国内生产总值达到38420元，扣除价格因素，比1978年增长16.2倍，年均增长8.7%。根据世界银行数据，我国人均国民收入GNI由1978年的190美元上升至2012年的5680美元，按照世界银行的划分标准，已经由低收入国家跃升至上中等（即中等

---

① 新华社记者秦迎编制，《光明日报》，2013年11月21日。

偏上）收入国家（参见表1）。

表1 2012年城镇居民人均可支配收入

位次	省市	人均可支配收入（元）	增速	GDP增速
1	上海	40188	7.9%	7.5%
2	北京	36469	7.3%	7.7%
3	江苏	29677	12.7%*	10.1%
4	天津	29626	10.1%*	13.8%
5	山东	25755	10.7%	9.8%
6	辽宁	23223	10.3%	9.5%
7	重庆	22968	13.4%*	13.6%
8	湖南	21319	10.7%	11.3%
9	云南	21075	10.2%	13%
10	安徽	21024.2	10.6%	12.1%
11	湖北	20839.59	10.3%	11.3%
12	陕西	20734	10.8%	12.9%
13	河北	20543	12.3%*	9.6%
14	山西	20412	12.6%*	10.1%
15	四川	20307	10.4%	12.3%
16	江西	19860	10.64%	11%
17	宁夏	19831.4	10.4%	11.5%

根据各省市公布的数据整理。

注：数字后带*表示未明确是名义增速还是实际增速。未带*数字表示为实际增速。

——国家财政实力明显增强，政府对经济和社会发展的调控能力日益增强。1978年，我国财政收入仅1132亿元，2012年，我国财政收入达到117254亿元，比1978年增长103倍，年均增长14.6%。

——外汇储备大幅增长，实现从外汇短缺国到世界第一外汇储备大国的巨大转变。随着我国对外经济的发展壮大，经常项目贸易盈余不断积累，1978年，我国外汇储备仅1.67亿美元，位居世界第38位，人均只有0.17美元，折合成人民币不足1元钱；2012年达到33116亿美元，连续七年稳居世界第一位。

——农业产量连续多年攀升。2012年，我国粮食产量比1978年增长93.5%；棉花产量比1978年增长2.2倍。肉类产量比1979年增长6.9倍。2011年，我国谷物、肉类、籽棉、花生、茶叶、水果产量稳居世界第一位，油菜籽、甘蔗、大豆分列第二、三、四位。从人均水平看，2012年人均粮食产量达到436.5公斤，比1978年增长36.9%。中国用占世界9%的耕地养活了全球五分之一的人口，依靠自己力量解决吃饭问题，为全球粮食安全作出了巨大贡献。

——三十多年来，我国工业化进程不断推进，由一个落后的农业国成长为世界制造业大国。根据世界银行数据，2010年我国制造业增加值占世界的比重已达到17.6%。按照国际标准工业分类，在22个大类中，我国在7个大类中名列第一，钢铁、水泥、汽车等220多种工业品产量居世界第一位。2012年，我国原煤产量达到36.5亿吨，比1978年增长4.9倍；汽车1928万辆，增长128.3倍；家用电冰箱由1978年的2.8万台增加到2012年的8427万台；彩色电视机由0.4万台增加到1.3亿台。移动通信手持机和微型电子计算机从无到有，2012年产量分别达到11.8亿台和3.5亿台。一批具有国际竞争力的大企业迅速成长起来。2013年中国企业进入《财富》世界500强达89家（含香港地区），比2002年增加78家，总数位列美国之后居世界第二位。

——伴随着经济总量增长，经济结构也发生了明显的变化。与1978年相比，目前我国第一产业比重大幅下降，第二产业比重相对稳定，第三产业比重大幅上升。可以说，我国产业结构调整的脉络符合世界经济发展的一般规律，同时又有自己独特的发展路径。从农业社会到工业社会，产业结构更趋优化，三次产业增加值在国内生产总值中所占的比例调整为10.1∶45.3∶44.6。

——从需求结构来看，改革开放初期，我国经济总量小，对外开放程度低，三大需求对经济增长的拉动作用波动较大，需求结构不稳定。但随着经济实力提高，尤其是加入世界贸易组织后，投资和出口对经济的拉动作用大幅增强。2007年消费、投资、净出口对经济增长的贡献率分别为39.6%、42.4%和18.0%。然而由于受国际金融危机的影响，我国把发展经济动力更多转向国内，注重扩大内需，内需对经济增长的拉动作用显著增强，内需的强劲增长有效弥补了外需的不足，对实现经济平稳较快发展起到了极为关键的作用。从依赖出口和投资到投资、消费、出口并驾齐驱，经济增长引擎动力悄然切换。2012年，最终消费支出、资本形成总额、货物和服务净出口对经济增长贡献率分别为55.0%、47.1%和-2.1%。

——从区域结构看，改革开放以来，按照邓小平同志关

第一章 改革释放创新能量，中国经济连上台阶

于"让一部分地区、一部分人先富起来，逐步实现共同富裕"和"两个大局"的战略思想，我国东部地区率先发展。进入新世纪以来，为促进区域协调发展，连续推出了西部大开发、振兴东北地区等老工业基地、促进中部地区崛起等重大战略，区域间产业梯度转移步伐加快，中西部地区发展潜力不断释放，区域发展协调性逐步增强。据国家统计局发布的数据显示，2000年，东部地区全社会固定资产投资占比比1985年上升了8.3个百分点，而西部仅上升0.4个百分点，中部和东北则出现了不同程度的下降。截至2012年，我国中部、西部、东北地区全社会固定资产投资与2000年相比，都有了不同比例的提高。在产业结构、需求结构、区域结构更加协调的同时，我国城镇化率大幅上升，由1978年的17.9%上升到2012年的52.6%，城乡经济发展更协调。

为什么三十多年来，中国经济实现了飞跃？根本性原因

是改革，改革开放使我们摆脱了贫困。总的来看，三十多年来我国经济发展取得的辉煌成就，主要靠的是改革开放；今后的经济发展，仍然要靠改革开放。改革开放是我国经济发展的最大红利，我国经济发展的前景依然广阔。现在中国经济盘子大了，基数大了，面临的最主要问题不再是速度问题，而是质量和效益问题，经济和社会发展怎样保持持续性增长。至于产能过剩、增长方式等问题，说到底就是市场配置资源的决定性作用没有得到充分发挥。十八届三中全会告诉我们，中国进入了一个全面改革的历史时期，要发挥经济改革对整个改革的牵引力，从发挥市场配置资源的决定性作用入手，进行诸多深层次的改革。

四、经济发展是为了人民生活不断改善

如前所述，改革开放驱动我国经济社会发展持续发展，在经济总量的快速提升的同时，其他各项社会事业也有了长足的进步，基本公共产品的均等化财力投入大幅增加，居民收入大幅度增长，人民生活水平迅速提高，特别是城乡二元结构有所改善，居民（特别是农村居民）日常生活衣食住行生活质量有了根本性的变化。与1978年相比，我国城镇居民人均可支配收入增长71倍，农村居民增长58倍。城镇居民人均住宅建筑面积增加26.2平方米，农村居民增加29

平方米。1978年以来，绝对贫困人口从2.5亿减少到1500万，贫困发生率从30.7%下降到1.2%；在全国特别是农村实行了9年免费义务教育；在8亿农民中建立了政府投入为主的新型合作医疗；在农村普遍建立了最低生活保障制度。贫困地区的经济稳步发展，基础设施明显改善，社会服务水平不断提高。中国扶贫开发取得的成就，为全球反贫困事业作出了积极贡献。世界银行公布的数据表明，过去25年全球脱贫事业成就的67%来自中国。根据联合国2008年千年发展目标报告，中国已提前实现了使绝对贫困人口和饥饿人口比例减半的目标，其他七项指标也进展顺利[1]。

改革开放、经济社会发展，最终是为了全体人民的福祉，让发展成果更公平地惠及全体人民，体现了我们党一贯的执政使命和工作宗旨。实践发展永无止境，解放思想永无止境，改革开放永无止境。面对新发展阶段的各类环境条件的变化约束，需要我们根据十八届三中全会《决定》的要

---

[1] 李君如主编：《中国人权事业发展报告 NO.1（2011）》，社会科学文献出版社，2011年版。

求,"紧紧围绕使市场在资源配置中起决定性作用深化经济体制改革,坚持和完善基本经济制度,加快完善现代市场体系、宏观调控体系、开放型经济体系,加快转变经济发展方式,加快建设创新型国家,推动经济更有效率、更加公平、更可持续发展"。①

---

① 引自《中共中央关于全面深化改革若干重大问题的决定》,新华社北京,2013年11月15日。

第二章

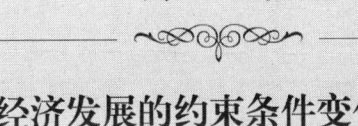

经济发展的约束条件变化：发展方式转型的迫切性

对照竞争优势四阶段，我们所走过的发展阶段还是处在主要依靠资源推动和投资推动阶段。特别是资源环境的承载能力、速度效益互洽协调、体制结构优化提升、经济社会文化配套平衡和内外互动促进等几个方面存在比较突出的问题。

第二章　经济发展的约束条件变化：发展方式转型的迫切性

改革开放推动中国经济步入稳定快速发展轨道，经济体制模式的变革带动发展模式的变化，使经济运行的资源配置方式发生变化，企业经济活动的经营方式发生变化，投入产出效率发生变化，推动经济发展连续多年保持接近两位数的增长，经济总量连续登上几个量级台阶，国内生产总值于2009年超过德国进入全球第三，2010年超过日本成为全球第二，按照目前的发展节奏，预计在2020年前后可能实现超过美国，也为全球经济增长做出直接的贡献，成为拉动全球经济增长的火车头之一[1]。总结中国经济快速发展的成就和经验，在关注"产出量"（收益）快速成长的同时，不妨引入对"投入"（成本）的考察，就会唤起我们对"发展质量"的特别关注。借鉴美国经济学家波特（M. Porter）1990年提出"竞争优势发展四阶段论"，即要素驱动阶段、投资驱动阶段、创新驱动阶段和财富驱动阶段[2]。改革开放的诸多举措变革了对资源存在的认识和配置方式手段，使得同样的资源带来不同的产出，使沉睡的、闲置的资源得到充分开发和运用，获取到巨大的"改革（制度）红利"和"开放（全球化）红利"。对照竞争优势四阶段，我们所走过的发展阶段还是处在主要依靠资源推动和投资推动阶段。用我们熟悉的对于经济发展方式的概念，既有的经济发展主

---

[1] 在讨论全球经济增长中，国际学术界有"金砖五国"之说，指对全球经济增长的贡献和地位，是当今全球经济增长的"发动机"、"火车头"。"金砖"一词来源于BRIC，即巴西、俄罗斯、印度、中国的英文名字第一个字母的组合，即所谓"金砖四国"。后来又加上南非。

[2] ［美］迈克尔·波特：《国家竞争优势》，华夏出版社，2002年版，第10章。

要表现为"外延"和量的扩张为主而不是"内涵"即质的提升带动量的扩张。归结到经济发展方式加以考察，存在加快转变的紧迫性，需要在转变上下功夫。

一、引入对宏观经济产出的投入评价对既有经济发展方式效用的理论分析

早在改革开放初期，为了打破传统体制的僵化格局，邓小平提出"让一部分人先富起来，让一部分地区先富起来，

第二章　经济发展的约束条件变化：发展方式转型的迫切性

先富带后富",通过"非均衡"发展所产生的"差异刺激",造成一定时段对社会各类主体多重积极影响,在连续迈上几个发展台阶后,其作用方式和实际效率、社会承受能力发生变化,既有的发展方式面临新的制约。换句话说,原有的发展机制的效用会逐渐递减,经济发展与社会变革的其他方面可能出现相互脱节现象,导致改革所产生的变化在不同阶层人群之间的收益差异明显存在,社会进步的摩擦系数增大。因此,发展新阶段需要创新发展思路,拓展新的发展视野和发展境界。对照构建和谐社会的目标要求,我们首先在理论上围绕发展条件和内容的几对关系,加以讨论。

第一,经济的快速发展与资源环境承载能力之间的和谐关系。必须肯定,我国经济在改革开放的强大推动下,释放出巨大的发展潜能,以工业化为主要发展手段的GDP增长,集中表现为对自然资源的更大强度的采掘开发利用。与此同时,对环境造成不断增长的压力,表现为土地资源、水资源、大气资源等原生资源质量和数量的变化、蜕化,甚至是恶化。用经济学自身的语言来表述就是,我们只看到产出的增长,没有十分关注这种增长活动所引起的"外生变量",因为这种外生变量可能为负。换句话说,获得GDP快速增长所付出的代价太大。这里就引出一个"发展成本"的概念,我们在做国民经济核算时,不能只计算产出,不计算投入;不能只计算直接投入成本,不计算间接投入成本;不能只计算经济活动外生变量消耗补偿成本,不计算自然资源不可再生性对后来发展成本的莫大影响。从社会管理即而政府施政行为考察,对于这几对核算关系和核算内容知识应当成为最基本的常识,由此建立起对发展成就的自我清醒估计,重视即时发展与长远未来发展的辩证关系，从而真正形成可持续发展观念、行为规范和制度安排。

第二，经济发展与能源发展之间的和谐关系。实践证明，我国经济快速发展和工业化水平的提高，特别是广大农村迈进工业化门槛起始阶段的发展方式较为粗放，对能源消耗比例相对较高。此外，伴随经济快速发展进程的人民生活水平提高所表现出来的家用电器和汽车的普及等，多项因素叠加导致对能源需求产生很大的压力。在我们的经济生活中就曾经出现过电力紧张的问题，国际油价波动对我国经济也会产生直接的影响。从可持续发展要求衡量，对于经济发展与能源发展之间如何保持和谐关系必须引起我们足够的重视。如何从经济发展和居民生活方式改变所带来得对能源需求总量的影响、从能源的储量与开采利用数量、利用效率、新兴能源的开发，乃至自然资源自身的环境和生态协调内在要求从长计议，对人类自身生存作出负责任的长期安排。

第三，以城市化方式推进农村经济社会现代化进程中的城乡发展关系和土地征用与农民利益补偿的和谐关系。城市化是迈向现代化的一条具体路径。我国经济生活中的城乡二元经济结构十分明显，长期以来党和政府在推进城乡一体化工作中已经出台多项政策，特别是强调着力解决"三农"问题逐步开始奏效，努力促成城乡之间的和谐发展新格局。世界经济发展的规律证明，社会发展的现代化的一条重要途径就是农业的产业化、农民的市民化和农村的城市化，表现为单位土地产出效率的提高和部分土地的非农化使用。我国经济发展中的人为推进的城市化表现为以建立各类开发区和以"城市经营，经营城市"为口号的"圈地"运动，由于

第二章 经济发展的约束条件变化：发展方式转型的迫切性

在开发区建设中的一哄而起，导致短期内土地非农化使用与其他相关方面转型的严重扭曲，土地开发利用与土地产出能力之间利益转换关系的不匹配，甚至在一些地方政府将土地批租所得挪作其他用途，用于建设楼堂馆所，以至于对那些土地被圈走的农民（失地农民）的利益补偿标准太低或补偿资金不能及时到位，造成较为严重的社会稳定性问题。

第四，经济发展中产业结构变动对不同社会阶层和就业状态条件下的当事人冲击影响协调关系。经济的快速发展对既有分工状态下的不同当事人所产生的震动影响在作用力度和作用方向上有很大的差异，忽略这种结构变动对不同当事人主体所带来的影响，忽略不同当事人自身素质的差异，只顾简单推动经济结构变迁，见物不见人，对主体适应能力缺乏整体考虑调试安排，可能导致"欲速则不达"的结果。如前所述，我国经济快速发展进程表现为产业升级和产业结构的变化，与体制变革能力相关联，在不同产业、不同部门之间潮涨潮落，使得既有分工状态下的不同当事人的切身利益发生差异甚至有很大落差。客观上说，长期的计划经济的就业方式和收入分配方式使得居民个人对可能面临的收入下降和摩擦性失业转岗缺乏自我调适能力，因而导致城市居民生活秩序不和谐，表明居民个人承受市场经济竞争的压力和能力有待提高。在现实生活中，特别是在城市居民中较大范围存在的下岗转岗现象，其中有相当一部分人不能适应这种现代生活中较为平凡的变化内容，使居民生活和谐状态受到扰动。

第五，全面承接世界性产业结构变动和转移所出现的出口总量的快速增长与国际结算能力之间的和谐关系。我国经济快速发展表现为融入国际分工体系，抓住世界制造业产业升级和产业转移机会，充分发挥我国劳动力资源禀赋优势，成长为世界制造业产品加工王国。在新的国际分工格局下，我国对外出口呈现为连续多年的贸易顺差，国际结算平衡关系处理上面临新的课题，对此我们似乎没有足够的思想准备和工作安排准备。我国外汇储备的不断增长，从而如何管理外汇储备亦成为当前宏观经济管理中的新的课题，也是我们在驾驭自身发展过程中碰到的新的课题。进一步说，在全球制造业分工格局变化过程中，发达国家如何在转移传统产业的同时，积累产业升级的能力，包括劳动力素质相应提升的能力，从而实现经济的平稳发展，否则的话，就会简单地从中国经济的发展对他们原来分工地位的替代中找原因，乃至于抱怨误解中国发展的全球化意义。

第六，逼迫式发展氛围中不同个体人格心理平衡与心理承受能力的和谐关系。需要指出的是，我国经济的发展除了自身内在发展要求外，存在着先行者示范的外在发展压力，加之各个地区之间相互攀比造成地区之间的发展压力。不难理解，经济建设的快速发展，最终表现在广大人民生活水平的迅速提高。然而，在不同地区、不同产业部门、不同学历和知识水平、不同年龄人群中间，各自所实际获得的和能够感受到的生活水平提高的程度有很大的差异，造成对个体心理的不同影响，并进一步形成对个人主观行为的刺激。竞争社会初步发育形成的对个体的生存境况的影响越来越直接，不同个体在追求自身收入提高和生存条件不断改善方面的理性张扬所做出的努力受外部市场因素和信息不对称因素的制约，可能出现挫折和失败的打击。当这些个人希望找到倾诉机会，或者是倾听者（包括家人、同学、朋友，特别是有关组织的领导）没有准确把握心理规律加以处置时，那些碰到挫折和失败的个人，就很有可能会发生个人的偏激举动。可见，在社会发展节奏不断加快的环境下，我们还要特别关注个人心理因素的作用，社会的有识之士和管理者需要及时地补上心理知识课程，从而在开展工作中，能够把握不同服务对象的心理因素，采取科学的对应措施，去有效地调适社会成员的心理平衡和谐这一深层次的社会和谐机制，去实现全方位的社会和谐。

在以上一般理论分析的基础上，我们要在以下几节分别展开实证讨论。

二、从人口资源环境关系看经济发展方式转变的必要性、紧迫性

经过了三十多年改革开放，我国经济连续迈上几个台阶，从经济增长速度来测度的话，保持了平均每年 9.7% 的增长。

从经济"增长方式转变"到"经济发展方式转变"，意味着我们对发展阶段特点的准确把握，在关注经济增长的同时，对与增长相关联的社会进步、人的素养的提高、生活质

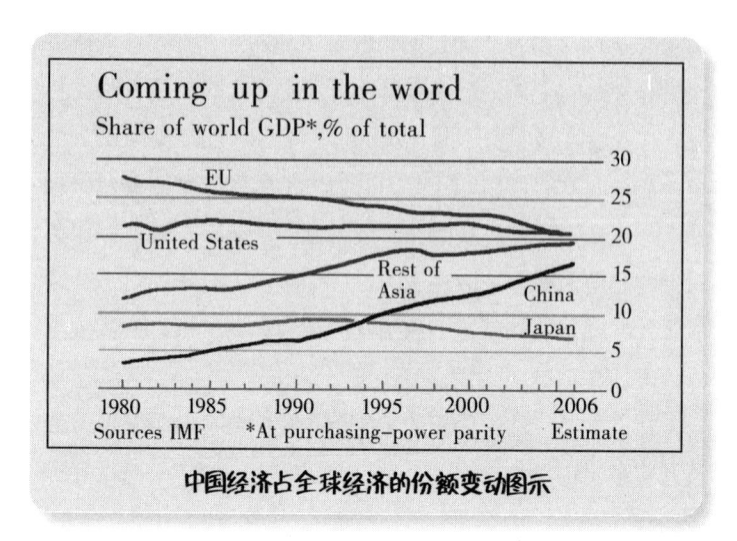

中国经济占全球经济的份额变动图示

量的提高、环境的改善等多个侧面都加以重视。我国改革开放以来在经济建设上已经取得了惊人成就。但现有的这种经济增长方式，却有着不可持续的局限性。正是这样，党的十六届五中全会做出的《关于制定国民经济和社会发展第十一个五年规划的建议》中，将"建设资源节约型、环境友好型社会"作为基本国策，提到前所未有的高度。在党的"十八大"政治报告中，进一步把"生态文明"、"建设美丽中国"作为建成小康社会的重要内容。十八届三中全会《关于全面深化改革若干重大问题的决定》中，对生态文明体制改革进行具体设计，强调"用制度保护生态环境"，包括："健全自然资产产权制度和用途管制制度、划定生态红线、实行资源有偿使用制度和生态补偿制度、改革生态环境保护管理制度等"几个方面。

这是因为，在持续多年的高增长率的背后，是触目惊心的高能耗、高物耗。2011年12月28日上午，时任国家发改

第二章 经济发展的约束条件变化：发展方式转型的迫切性

委主任张平向全国人大常委会作报告时透露，2010年中国单位国内生产总值能耗是世界平均水平的2.2倍，主要矿产资源对外依存度逐年提高①。以单位GDP能耗计算，我国的万元GDP能耗，比目前世界的平均水平高2.2倍，比美国、欧盟、日本分别高2.3倍、4.5倍、7.7倍。单位GDP的金属消耗量是世界水平的2~4倍；我国与发达国家相比，每增加单位GDP的废水排放量要高出4倍，单位工业产值产生的固体废物要高出10倍以上。因而素称地大物博的中国，已难以满足日益迅速膨胀的资源需求。目前，我国的石油消费量的55%需要从国外进口。不仅如此，我国每年由生态和环境带来的损失，要占到GDP的8%以上，造成我国目前的环境形势十分严峻。长期积累的环境问题尚未解决，新的环境问题又在不断产生，一些地区环境污染和生态恶化已经到了相当严重的程度。主要污染物排放量超过环境承载能力，水、大气、土壤等污染日益严重，固体废物、汽车尾气、持久性有机物等污染持续增加。自今年开始我国政府引入PM2.5空气质量监测标准②，据中国环境保护部2013年7月31日发布的2013年6月份及上半年京津冀、长三角、珠三角和74个城市空气质量状况显示，6月份，74个城市空气质量超标天数为35.6%，京津冀空气质量仍最差，PM

---

① 引自"财新网"，http://china.caixin.com/2011-12-28/100343534.html。

② PM2.5空气质量监测标准，即细颗粒物的标准，由美国在1997年提出，主要是为了更有效地监测随着工业化日益发达而出现的、在旧标准中被忽略的对人体有害的细小颗粒物。细颗粒物指数已经成为一个重要的测控空气污染程度的指数。

2.5 平均超标率最大日均值出现在北京，超标 2.8 倍。2013 年上半年，京津冀所有城市均未达到 PM 2.5 年均值二级标准。邢台、邯郸、保定、唐山、济南、衡水、西安、郑州和廊坊的空气质量相对较差。此外，有 1/3 的国土面积受到酸雨影响，水土流失、土地沙化、天然草原退化、生物多样性减少等环境退化问题也十分严重。发达国家上百年工业化过程分阶段出现的环境问题，在我国已经集中出现。生态破坏和环境污染，造成了巨大的经济损失，给人民生活和健康带严重威胁，必须引起我们高度警醒。

人口资源环境之间的和谐协调问题没有处理好，这方面的矛盾越来越突出，暴露出在追求经济实现快速增长的同时忽略了环境资源的可持续问题。为了增长，我们抓住了全球产业分工、产业向中国转移的机会，我们凭借着劳动力资源丰富、劳动力资源禀赋的特点，承接全球加工制造的这个任务，通过开放加入全球分工体系，当然首先是在加工产业链低端环节上找到了自己的位置。由此就带来了这样一种局面，外方带来了一部分资金，带来技术方案、专利、配方，制造产品所需的原料、材料、能源消耗只能是就地取材，与此同时，生产过程中所出现的"三废"都留在当地，物美价廉的商品出口运销到国外去了。最典型的是 2005 年夏天发生的"太湖蓝藻事件"，时任江苏省委书记李源潮就曾明确表态说，"太湖蓝藻事件彻底颠覆了苏南模式"。也就意味着，环境问题开始惩罚报复我们了。靠传统的吃资源（包括自然环境资源和劳动力资源）的发展方式难以为继。

可见，处理好经济发展与生态环境之间的和谐平衡，是实现全面小康社会目标的必然选择，是转变现有高消耗、低产出、高污染的粗放型发展方式的必然要求,是调整产业结构、提高经济增长质量和效益的关键途径,是落实科学发展观和构建社会主义和谐社会的重要举措和实践形式,是我国当前阶段协调经济发展与环境保护的重要政策目标。

三、从速度效益质量关系看经济发展方式转变的必要性、紧迫性

改革开放三十多年来,我们保持了年平均9.8%的增长,那么效益怎么样呢,或者说发展的质量如何？国内生产总值（GDP, Gross Domestic Product）,作为一个评价考核指标,其经济学含义只是指在一国空间范围内,当年国民经济活动产生的增量,所谓新增的附加价值。但是,GDP可能与国民生产总值（GNP, Gross National Product）不完全相等、也不一定呈同比例方向关系,GNP是指与一国国民参与经济活动相关的产生的新的产出。比如说今天大家都知道,日本GDP好像是经济不景气,但是日本经济当中的GNP是大于GDP的,因为日本在海外有很多投资,海外投资收益属于国民生产总值的概念。从这个意义上说,今天我们的GDP当中有相当部分的外资进入带来的产出,如果是用GNP方法

评价，就要记在人家投资者头上，因此，我们的GDP实际上小于GNP，外商要按投资比例计算它的GNP，作为国民生产总值，它要计回去。所以，我们需要对GDP有清醒的认识。而且呢，GDP只表明当年的国民经济活动流量，新增的流量，它跟财富积累，跟民生改善可能不一定有直接形成同方向等比例关系。我们在相当长的时间里，也许是需要还历史的欠账，特别是超前建设基础设施，增长方式当中是为发展而发展的事情做得多了些。

进一步研究GDP"三驾马车"的关系也可以加深对这个问题的理解。大家都知道，形成GDP的总量可以分解为三个组成部分：第一，消费、居民消费；第二，投资，它也是内需的重要组成部分，比如说在美国金融危机席卷全球、把全球经济拖累以后，中国经济也受到拖累，以至于我们在2008年底出台了4万亿扩大内需计划，4万亿当中有一部分民生的东西，但是更多的、主要的组成部分是投资，甚至有人开玩笑，就是"铁公机"（铁路、公路、机场），大概有1

第二章　经济发展的约束条件变化：发展方式转型的迫切性

万5千亿是"铁公机"。所以呢，因为这一块是政府直接看得到，政府直接支配，政府直接批项目上得快，为了扩大内需市场来应对金融危机造成的冲击和影响，支撑整个国民经济不至于"硬着陆"。所以，从"三驾马车"之间的比例关系看，对中国而言，消费占比大概在45%，投资占比在45%，净出口（就是出口减进口）大概是10%。那么，一个13亿人口的大国，支撑GDP的主要的力量，不是居民消费。当然，我们这些年的经济快速增长的同时，居民收入和消费支出有了大幅度的增长，已经解决了温饱。但是，总体上看我们的GDP，主要是依赖什么呢？主要是依赖投资和出口。换句话说，中国处在加速度的基础设施建设投资驱动经济增长的阶段。这是我们需要思考的。我们还可以从"外向依赖度"① 指标进一步加以讨论。今天中国的外向依赖度是一个什么比例呢？高的年份达到67%，这就是让你要吃惊的一个数字，作为13亿人口的大国，GDP产出的67%与外部市场相关，很显然，如此高的外向依赖度表明经济的稳定性可能更多地受外部市场周期波动的影响。

与此同时，需要进一步思考，在经济发展连续上了几个台阶以后，如何调整发展的成果的分配方式和分配比例，以充分体现"让发展成果更多更够公平惠及全体人民"②。针对收入分配改革问题，党的十八届三中全会通过的《关于全面深化改革若干重大问题的决定》对"形成合理有序的收入分配格局"做出了详细部署，"努力实现劳动报酬增长和

---

① 指一国的进出口总量占GDP总量的比重。
② 引自《中共中央关于全面深化改革若干重大问题的决定》，新华社北京，2013年11月15日。

劳动生产率提高同步,提高劳动报酬在初次分配中的比重。健全工资决定和正常增长机制,完善最低工资和工资支付保障制度","扩大中等收入者比重,努力缩小城乡、区域、行业收入分配差距,逐步形成橄榄形分配格局",形成居民收入增长与扩大内需市场之间的相互协调良性互动的关系。

所有这些,都是我们今天着力加快调整经济发展方式驱动因素,从作为表征经济发展速度的 GDP 与 GNP 的关系、从形成 GDP 产出总量的结构内容三部分关系、从 GDP 产出总量增长与居民工资收入增长关系,进一步加深对于转变经济发展方式必要性的理解。

四、从经济体制模式结构的相互关系看转变经济发展方式的必要性、紧迫性

伴随中国经济的快速发展,我们国家在全球经济中的竞争能力大大提高。但是,最终竞争是体制的竞争,科技发展水平的竞争、人才的竞争。因而,关键是如何进一步深化经济体制改革,为人才脱颖而出,为各类要素活力充分发挥创造更加宽松的体制环境。

经过三十多年的改革,我国已经基本建成社会主义市场经济体制,整个国民经济的活力大大增强。但是,在处理政

第二章　经济发展的约束条件变化：发展方式转型的迫切性

府与市场关系、市场机制的发育还存在一定的壁垒，在资源型产品定价方式上存在一定的保护，所有这些都与国有企业的改革深化内容相关。在 2009 年之前，国有企业在与其他企业一样履行纳税义务后，不上交利润（分红），2009 年之后交缴的比例也不高，一般为年 5%，从市场公平性尺度评价，这种状况意味着政府在补贴国企，因此国有企业得到政府的偏袒呵护，造成不同所有制企业之间的竞争关系的不平等。与此项关联，国有企业所在的产业领域，没有真正做到可竞争，国有企业受到行政垄断保护，特别是国有企业内部的收入分配和福利待遇处理存在明显的特权。据分析，影响收入分配不平等关系的多个因素中，排在第一位的是垄断因素。比如说今天电信、铁路、石油、能源等产业部门，均具有一定的行政垄断保护，加之银行的金融资源的亲和因素，以至于造成了市场竞争环境下，国有经济和民营经济之间竞争关系的不平等。比如说涉及到工程承包，今天一些大型工程，民营企业不具备资质，因此民营企业就被排斥在外。

再比如说今天的发展不平衡，东中西部不平衡，农村和城市之间关系的不平衡，产业结构的不平衡，收入分配结构在不同产业部门之间的不平衡、在不同经济成分之间的不平衡，等等。在收入分配方面，全社会收入分配的基尼系数达到 0.47[①]。

[①] 基尼系数（Gini Coefficient）为意大利经济学家基尼（Corrado Gini，1884－1965）于 1922 年提出的，定量测定收入分配差异程度。其值在 0 和 1 之间。越接近 0 就表明收入分配越是趋向平等，反之，收入分配越是趋向不平等。按照国际一般标准，0.4 以上的基尼系数表示收入差距较大，当基尼系数达到 0.6 以上时，则表示收入差距很大。中国国家统计局公布 2012 年基尼系数为 0.474，2010 年为 0.481。

表明收入分配存在比较突出的不平等现象，这种收入分配不平等与行业壁垒存在有关，也跟经济体制改革过程存在的不协调带来的商机不平等相关，因此会带来对不同人群的心理压力，造成不同人群对改革的前景的理解支持参与积极性的差异，必须引起足够的重视。

五、从经济社会文化体制发育的系统整体协同看转变经济发展方式的必要性、紧迫性

经济发展对社会、文化体制的改革和社会文化事业的发展提出相应的要求。比如说医疗教育等公共产品的均等化问题。什么叫均等化呢？并不是那种平均主义的均等化，而是指，全社会公共服务产品都要达到某一基本水平之上。比如说我们现在普及小学初中九年制义务教育，在一些地区、特别是偏僻的农村，九年制义务教育的普及做得不到位，客观上是受到教育投入能力、人口分布、地理环境条件等的制约。除了九年制义务教育外，在医疗资源分布和基本医疗保险制度覆盖水平和覆盖能力，也存在不少问题。医疗卫生事业发展在不同地区，尤其是城乡之间不平衡、欠协调。医疗保险今天在发达地区已经实现全覆盖的，在中西部地区也加

快推进全覆盖。尽管已经做到全覆盖，但是水平很低。甚至在有些富裕地区的农民家庭，本来已经进入小康、生活殷实阶段，但是因病返贫。这暴露出社会保险的覆盖程度差、保险力度不足的问题。

值得一提的是，在现代市场经济发育相伴随的法制诚信文化因素发育方面，也存在系统配套不足的问题。我们的经济社会生活中出现了一个让人纠结的现象：我们开放了市场、开放了竞争关系，解放了人们赚钱发展的愿望，但是我们有些企业、有些人为了赚钱而不择手段，唯利是图，表现出经济理性的过度张扬。必须指出，现代市场经济主张"公平竞争"的权利平等，当市场活动主体绝对张扬理性，存在以次充好、假冒伪劣、坑蒙拐骗行为时，实际上只是利用信息的不对称，对买方造成"伤害"。实际上，从权利平等意义上说，也就赋予了对方伤害自己的权利。由此必然带来市

场秩序的混乱。正是这样，现代市场经济的文化底蕴要求市场活动的参与者，强化法治和责任意识、自律意识。由此共同建设法治化营商环境，提高资源配置效率和公平性。说到底，就是经济发展水平上去了，社会的文明素养必须能够跟进成长发育。由此才能形成健康完善的社会主义市场经济的机体，形成可持续的经济发展方式和发展的能力。

六、从中国经济融入世界经济，协调内外关系平衡看转变经济发展方式的必要性、紧迫性

当前中国经济和世界经济关系非常复杂，为什么呢？因为我们在加入全球分工获取分工带来的好处的同时，也被裹挟到全球化潮流之中，不能回避这一潮流的影响。所以，我们既要处理好国内的事情，更要处理好国际交往关系的问题。比如，我们一方面是要吸引外资，但是我们又有大量的外汇储备，买了美国的国债，买了欧洲的债券。我们是不是缺资金？我们不一定是缺资金，我们更多的是缺机制。所以我们吸引外资的时候，也更多地是希望外资进来把机制带进来，把国外的先进技术带进来，使得我们对国际惯例的市场规则的东西能用得更好。所以，吸引外资和对外投资之间是

第二章 经济发展的约束条件变化：发展方式转型的迫切性

一对矛盾，国内市场和国外市场是一对矛盾。我们为什么要在2008年扩大内需，把4万亿投资砸下去呢？就是为了抵御金融危机的冲击。由于金融危机的爆发，造成发达国家的居民消费行为的收缩，造成对我们的出口的直接影响，从而使得我们原来的出口订单，原来的出口数量锐减。锐减会影响整个国内经济结构的平衡，所以我们就要通过扩大内需，包括投资需求和居民消费需求，在居民消费需求方面的措施就是"家电下乡"，通过价格补贴方式刺激购买；还有就是对于1.6排量以下的乘用车减免50%的购置税，刺激居民消费，来平衡整个GDP的增长速度，使得经济运行不至于硬着陆。由于金融危机的冲击影响，2009年一季度我国经济发展速度降到最低点6.1%，然后又慢慢爬坡，全年经济增长速度还是达到了9.1%的相对高速度。如果真的是出现"硬着陆"的话，就会影响我们整个的经济结构、就业结构问题，影响就业结构就会影响社会的稳定。我们知道，由于经济发展的相对快速度，与社会其他方面的发展存在不协调，但是，必须在发展中解决问题。如果没有速度了，没有发展了，解决问题的空间和能力就没有了。

还有，如何管理使用好外汇储备，也是个很棘手的问题。我们的对外贸易、国际结算关系处理中，已经与19个国家和地区签订了以人民币结算的双边协议，结算数量只占我们出口总额的14%，占全球贸易总额的1%强，人民币的国际化开始起步。但是，在以美元作为国际结算货币的场合，美元的"量化宽松"政策，造成美元的贬值和人民币的升值，美国人在利用"通货膨胀"的手段，增发美元手段刺激自身经济，客观上也起到豁免他的债务的效应，使我们的外汇储备相对贬值流失。由于人民币升值，我们的出口企业换汇成本增加、利润空间收缩，由此出现一部分外贸企业经营困难，甚至停产歇业。

在我们的企业"走出去"的行动中也碰到这样那样的问题，需要逐步提高对国际市场管理规则的熟悉驾驭运用能力。特别是我们的企业在成功收购国外企业的基础上，如何提高后续的整合能力，在企业文化、治理规则等方面也面临挑战。中国企业参与国际市场竞争活动的能力需要得到加强，作为全球最大的贸易输出国，外贸经济活动的经营方式和发展方式亟待加以改进提高。从经济发展的后续能力加以考察，对于我们这种"加工贸易"为主要形式，"出口导向型"的经济发展模式，需要加快转变。应当看到，如何提高企业的劳动生产率，受制于技术开发进步能力和劳动力成本上涨的压力。转变对外经济发展方式要从依赖传统的自然条

件的发展，转成依赖创新推动的发展；从一般加工制造生产发展模式，向自主技术创新的生产模式转变。

前面这些问题的分析，实际上涉及到对于经济体制和经济发展方式转轨如何推进，如何找准转变经济发展方式的具体途径问题，认识转变的必要性是实施转轨行动的前提。我们将会围绕制度创新、科技创新、组织创新和管理创新加以分别讨论。

第三章

中国经济发展方式转型的路径和方式

分析检讨既有的经济发展方式，表现为主要依靠资源投入，看到这种方式存在的客观必然性，加强对环境资源约束问题的深层思考，唤起我们对探寻发展方式转型，培育可持续性发展能力的研究，加快转变步伐，迈进依靠技术进步和制度创新为主的新发展方式。推动企业自主创新，使产业向价值链中高附加值环节拓展，这是中国经济的发展模式转型的现实需要。

实现"创新驱动"的发展战略，必须彻底转变经济发展方式，对经济、社会和政治体制进行系统性的改革和转型升级。然而，当前中国经济发展方式的转变，面临着经济结构、社会发育、文化创新等多方面的新挑战。正视经济生活中存在的需求结构、产业结构、要素供给结构、收入分配结构以及城乡与区域发展结构等方面的问题和矛盾，带动社会其他方面的改革和转型。本章的研究内容将从以下三个方面展开：中国经济客观的发展驱动能力转变、经济发展的主观目标与评价机制转变、中国经济发展的深层次经济关系的调整。

一、中国经济的发展驱动能力转变

自1978年以来，中国经济已经经历了三十多年的高速发展，其间经历了哪些阶段？在这些阶段中，中国经济发展的驱动能力究竟如何转变？为了分析的方便，在这里，我们借鉴哈佛大学著名的战略管理大师迈克尔·波特在《国家竞争优势》一书中建立的理论分析模型。波特认为，一个国家的经济发展进程，必然也就是该国在国际经济环境下竞争实力成长的进程，驱动经济发展可能存在多个因素，正是为了分析的方便，他将多个因素驱动作用中间的主导因素作为划

分阶段的标志,由此将一国经济的发展概括为依次经历以下四个阶段:生产要素导向阶段、投资导向阶段、创新导向阶段和富裕导向阶段[①]。

借鉴这一阶段划分方法,在对中国改革开放三十多年经济高速发展,人们一般认为已经走过生产要素导向阶段、投资导向阶段,目前正由投资导向阶段向创新导向阶段转变。经济发展主要驱动因素的不同阶段更替,必然会提出对发展后劲的关注,从而提出经济发展可持续的问题,不难理解,只有打破原先的发展模式,才能进入新的持续发展阶段。

[①] 参见附录:"迈克尔·波特的钻石理论和国家发展的四个阶段"。

1. 生产要素资源的"比较优势"变化驱动的经济发展

改革开放的前20年（1978—1997年），中国经济经历了生产要素导向阶段。正是通过经济改革，从传统的计划经济方式对资源的配置，引入市场取向评价，转轨进入市场经济体制，使得原先受抑制的生产要素（资本、劳动、土地、企业家才能等）得到大幅度的释放，从而带来了高速经济增长。

首先，家庭承包制实施激发了农民积极性，农业产出大幅增加，一举突破原先农产品紧缺的"瓶颈"，农业增长的同时，农民收入也大幅上升，城乡收入差距缩小。其次，增加的产出不仅解决温饱还使农民有了自由支配的剩余，这样农产品自由贸易市场逐渐孕育，农民能够通过交易剩余农副产品进一步提高自身的生活水平，而且这个计划外的市场也给城镇居民带来更多选择。之后，农产品流通体系也逐步放开。农产品生产和流通的市场化使供求双方直接建立联系，而无须通过计划指令，"效率"得到进一步改进。第三，农业生产效率提高后，农村出现的剩余劳动力以"离土不离乡"的形式就地转移进入乡镇企业。在商品紧缺的时代，乡镇企业在计划经济体制之外得到了发展空间，使得具有中国特色的农村工业化蓬勃兴起，农村经济进一步增强。第四，在计划体制外的乡镇企业主要从事劳动密集型和技术含量较低的轻工业产品。乡镇企业高效的产出，不仅带来了丰富的轻工业产品，而且与计划体制外的个体私营经济一起促进轻工业产品市场的逐步开放。而轻工业产品市场形成之后才有从重工业商品市场到生产资料市场，最后到完整的物质商品市场建立。第五，相对于城市的国有企业而言，乡镇企业等其他经济形式的经济效率高很多，国有企业面临长期亏损局面。这导致国有企业改革势在必行。而农村改革的成功，不仅摆脱了原先粮食、农副产品和轻工业产品的短缺而且使占人口大部分的农民实现温饱安居乐业，这为城市的国有企业改革奠定了社会稳定的基础。在这种大部分人稳定的社会氛围中，城市国有企业的产权制度改革以及减员增效等措施得以平稳实施。

改革开放带动经济发展模式变革的一道靓丽的风景还表现为，开放带来的发展机遇。中国充分利用全球产业结构转移变动的机会，将丰沛的劳动力资源优势整合到全球化潮流之中，由此也带动中国经济掀起工业化浪潮，吸引外商直接投资，形成投资相关联的技术、管理的扩散效应，形成技术进步的学习效应。加快了中国经济技术追赶能力。林毅夫等认为，中国经济的高速发展是由于充分发挥了劳动力资源的比较优势。对于经济起飞前的中国而言，其要素禀赋结构的特征是劳动力相对丰富、资本相对稀缺。正是按照自身比较优势大力发展劳动密集型产业，中国才能最快地积累资本，较快地促进经济增长，并使劳动者充分就业，使其分享经济发展成果。

值得一提的是，土地资源的要素产出能力的变化，除了农村推行联产承包责任制所带来的农民生产积极性调动释放以及农业产出保持稳定增长这方面的表现外，与城市化推进、设置经济技术开发区的发展行为相关联。通过改变土地使用性质，谋求"土地财政"收入，地方政府以"土地征用"方式将农村集体所有制土地变性为国家（实际上是地方政府）所有，再以"土地批租"方式投放，赚取"土地红利"差价，解决地方经济发展中的投资来源问题，由此追求地方经济发展速度提升，应对上级政府的 GDP 考核。土地资源成为十分重要的驱动发展的财政资金来源力量。

在改革开放的前 20 年里，中国经济发展的驱动力量主要是通过制度变革使生产要素的比较优势得到充分发挥。在这里需要指出的是，要素资源驱动能力的释放有赖于经济体制的改革前提，带来资源配置方式和评价方式的变革。但是，这种变革还只是初步的、浅层次的表现。

2. "投资驱动"主导的经济发展剖析

1999 后，中国经历了第一次经济转型，由生产要素导向阶段向投资导向阶段转变，经济发展的驱动力量由生产要素比较优势转变为投资驱动。

首先是市场力量主导的投资驱动。依靠发挥劳动力资源的比较优势，中国经济虽然已经融入国际分工体系的制造环节，并实现高速经济增长。但在制造业为主的产业结构下，随着经济不断增长，生产相对过剩的矛盾会越积越重。因为，中国一开始以劳动密集型的加工制造业为主，扩大规模是最快速、简单的增长方式。但是，随着剩余劳动力资源的消耗殆尽以及物质资本积累的提高，企业家想获得更高的资本回报率，势必采用资本替代劳动的技术，因此必须不断扩大投资，而扩大的投资带来更加过剩的产能和更低的平均利润率。这形成了市场力量主导的投资冲动。

其次是政府力量主导的投资驱动。在资源动员的制度桎梏基本被扫除之后，政府想让经济更快地发展就只能构建资

2001-2011年中国的投资占GDP的比重

源动员的激励环境。而在政府的不同层面上，只有地方政府才有"全天候"的推动GDP增长的冲动。甚至可以说，地方政府在日常的施政行为中，出现"唯GDP"的对发展含义理解的"单边主义"、"线性思维"；出现地方之间的"GDP竞赛"。因为，中央政府更关心宏观经济稳定，只有在经济低迷时才刺激经济，经济过热时反而会对经济进行抑制。而地方政府官员晋升的重要指标是地方GDP的增长，因此，不仅经济低迷时要促进增长，经济过热时更要推动经济不断达到新高度，以积累政治资本。

如前所述，地方经济发展在努力吸引外资、发展"民资"，争取更多投资资金来源的同时，政府自身通过土地征用、批租形式筹措发展资金，形成所谓"土地财政"，甚至有"土地财政拖累中国经济"一说。[①]据有关统计，2001—2011年，拉动中国经济的"三驾马车"中，投资所占比重逐年增加，到2011年已接近当年GDP的一半。

但是，当前以投资为主要驱动力的经济增长没有可持续性。特别是以政府主导的投资驱动更加扭曲了资源配置。

按照经济学原理，如果没有政府的参与，企业会将资源投入到使边际收益等于边际成本的数量边界。在资源没有被充分动员时，企业会自发地越来越多地雇佣资源进行生产，从而产生了GDP的增长。在没有达到资源使用的边际收益等于边际成本时，地方政府促进资源动员的行为是有利于经济发展的。但是当达到这个最优点之后，继续构建资源动员的激励环境只会降低资源使用的边际成本，从而使资源过度投入。这是政府行为造成的资源配置的扭曲。此外，由于企业的经济活动对于环境的破坏难以衡量，地方政府对企业的环境监管也毫无兴趣，甚至为创造GDP的污染企业提供保护，这样又进一步地降低了这些企业的环境污染的成本，进一步扭曲了资源配置，使环境遭到巨大破坏。因此，当前地方政府的竞争行为促进经济增长的模式严重扭曲了资源配置，使经济发展过分依赖资源消耗和环境污染，显然没有可持续性。

3. 转向"创新驱动"的努力

未来中国经济必须转变为以创新驱动的增长方式。具体而言，要促进技术进步以实现人力资本投入在总投入中的比

---

① 参见"凤凰网"，http://finance.ifeng.com/news/special/landfinance。

重增加，可称之为"人力资本增强型"的技术进步。大力发展高端制造业和生产性服务业，包括研发、设计、销售、品牌管理等。但是，经济发展转变为创新驱动正面临三方面的困难，这也是当前中国经济转变发展方式要解决的主要问题：

第一，人力资本积累困难。在当前以制造业为主的产业结构下，"人力资本增强型"的技术进步需要长期物质和人力资本积累才能完成。现实中存在两方面的困难阻碍了"人力资本增强型"的技术进步的形成。一方面，政策方面存在路径依赖：地方政府更关心短期的GDP增长，因此会出台相应政策鼓励企业进行扩大规模或资本替代劳动的技术进步。在这种政策鼓励下，企业缺乏动力投入物质资本进行"人力资本增强型"的技术进步。另一方面，当前的教育制度的缺失以及社会思想观念也使必要的人力资本形成不足。例如，在一定要上大学的观念下，中学生毕业生更多选择上大学而非职业学习，导致高级技工缺乏。

第二，生产过剩和依赖外贸的格局暂时难以改变。在"人力资本增强型"的技术进步的形成困难的情况下，中国经济不可避免地呈现出生产过剩的矛盾，内部的价值循环无法满足整体生产的价值补偿的要求，具体表现为内需不足，尤其是私人消费不足。但是，由于存在开放经济条件，净出口的需求弥补了内需的不足。这样外部的价值循环弥补内部价值循环的不足，生产相对过剩的矛盾被掩盖。而净出口的需求则主要来自发达国家的需求，发达国家同样也存在着有效需求不足的矛盾，但是，他们通过借债消费来掩盖这一矛盾。大量的消费信贷支撑起发达国家的消费需求，进而支撑了中国的净出口需求,中国通过出口获得的外汇资金又重新投入到发达国家的金融市场支撑起发达国家的消费信贷。中国经济就是这样不仅被外部需求所捆绑,而且被发达国家的金融市场所捆绑,因此稳定性大大降低。

第三,外部市场的竞争压力。不仅如此,我国的出口还受到了来自美欧国家发展高端产业的"挤压"和新兴发展中国家发展低端产业的"挤出"效应。一方面,美、欧、日等发达经济体正在采取战略措施,大力支持本国发展新能源、生物、信息、航天航空等产业,鼓励增加高技术产品出口。另一方面,金融危机之后,洪都拉斯、越南、孟加拉、印度、斯里兰卡等发展中国家,他们利用比中国更加低廉的资源和劳动成本,生产与中国相同的劳动密集型产品,并向美欧等国家出口。[1] 在这双重的竞争压力下,中国经济所依赖的外部循环的规模将会有越来越小的危险。

正是这样,转向依靠"创新驱动"的发展,需要在创新的内容上下功夫。毫无疑问,改革是驱动创新的主要力量,如前所述,改革引入市场机制,改变了对资源的配置方式和评价方式,使各类生产要素产出能力得到释放。改革需要向深层次推进,在经济改革的引领下,带动社会生活的其他方面的改革系统推进,使创新在制度安排和社会再生产活动的方方面面得到落实体现。

---

[1] 马晓河:《迈过"中等收入陷阱"的需求结构演变与产业结构调整》,《宏观经济研究》,2010年第11期。

二、经济发展目标、评价机制的转变带动主体行为方式转变

正是因为经济发展的驱动力量已经发生改变,中国经济正在朝着创新驱动的发展方式转变。因此,经济社会发展的发展目标和评价机制也要作出相应的转变,从原来的"GDP考核"和"GDP竞赛"的线性发展目标转向经济、政治、文化、社会和生态全面协调发展。

党的"十八大"第一次明确提出了经济建设、政治建设、文化建设、社会建设和生态文明建设"五位一体"的发展总布局,标志着我们党治国方略的进一步完善。党的十八届三中全会进一步明确了"全面深化改革的总目标是完善和发展中国特色社会主义制度,推进国家治理体系和治理能力现代化。必须更加注重改革的系统性、整体性、协调性,加快发展社会主义市场经济、民主政治、先进文化、和谐社会、生态文明,让一切劳动、知识、技术、管理、资本的活力竞相迸发,让一切创造社会财富的源泉充分涌流,让发展

的成果更多更公平惠及全体人民"。① 从改革和制度创新、机制建设的工作内容做出了全面部署，由此改变了对于经济发展和地方政府工作的评价内容，不再以 GDP 作为主要考核指标。这种对于经济发展目标的拓展和评价机制的变化，就是要引导地方政府和全社会其他主体发展行为方式的改变，促成社会各类主体形成新的发展合力。

具体说，首先是政府职能的转变，完善调控经济活动的工作方式。作为市场经济的监管者，政府必须转变经济管理职能，简政放权，而非直接干预经济。中央政府层面上，已经明确"宏观调控的主要任务是保持经济总量平衡，促进重大经济结构协调和生产力布局优化，减缓经济周期波动影

---

① 引自《中共中央关于全面深化改革若干重大问题的决定》，新华社北京，2013 年 11 月 15 日。

响，防范区域性、系统性风险，稳定市场预期，实现经济持续健康发展"[①]。在此框架下，各级地方政府需要从直接的参与经济活动的行为方式中解脱出来。必须明确政府公共管理的职能目标，改变地方官员晋升规则，使经济调控力量的方向变为促进技术进步。北京大学中国经济研究中心主任姚洋认为，过度参与经济活动决定了中国政府是一个"生产型政府"，其反面是公共财政的严重缺失。公共财政的缺失导致一个严重后果，就是政府行为的商业化。这样下去，真有可能会陷入有增长没发展，老百姓的福利没有改善的境况。[②]因此，一方面，要重新明确政府公共管理的职能目标，在按照公共财政的理念深化财政制度的改革，合理划分中央与地方事权与和财政的支出权的相互关系，构建政府行为"去商业化"的制度环境。另一方面，改革相关制度，建立地方官员晋升的新规则，减少短期经济增长的考核分量，增加官员对地方经济长期利益的关心程度。此外，还要将人力资本促进以及市场化促进等属于公共管理的职能的绩效作为地方官员晋升的着重考核对象。如果这两方面改革能够实现，那么原先与转型背道而驰的地方政府的经济冲动，就能转变为积极促进技术进步的引导力量。

作为社会主义市场经济微观主体的企业，是社会生产力

[①] 引自《中共中央关于全面深化改革若干重大问题的决定》，新华社北京，2013年11月15日。
[②] 姚洋：《中国模式及其前景》，《中国市场》，2010年第24期；郑景昕、姚洋：《中国经济面临的"陷阱"》，《英才》，2010年第4期；杨军：《民主救经济——专访北大中国经济研究中心主任姚洋》，《南风窗》，2010年第6期。

资源配置的平台，一方面，市场经济体制的不断完善，使我们的企业接受市场的评价和竞争的考验。因此，企业行为经营机制不断优化，在追求营利，实现不断扩大的再生产的同时，注重培育自主创新能力，在追求眼前利润的同时追求长期的可持续发展能力的培育，注重内生增长能力的培育，特别是技术进步能力的提升，在既有引进技术基础之上，加强消化吸收再创新能力，从原来的主要依靠劳动力资源承接加工制造任务，逐步加大技术和品牌投入，使自主技术和品牌因素对产品定价具有贡献能力，把经济效益与社会效益、生态效益有机结合起来，担当起国家竞争实力的脊梁。企业的发展必须走向加强内生增长能力的发展为目标。创新理论揭示了企业的技术创新和组织创新行为是产业升级，增长方式转变的具体方式。只有创新带来的技术进步才是经济长期增长的源泉，因为处于高附加值的价值链上下游的厂商不可能主动将其核心技术拱手相让，中国企业只有依靠自主创新才能真正打开通往经济转型的"机会窗口"。

在当前的全球价值链体系中，中国主要处于低附加值的环节，以低成本优势接纳国外领先企业的非核心技术，而他们的核心技术是不会拱手相让的。文嫣、曾刚以中国上海的集成电路业（IC）产业升级为对象的研究发现，上海的 IC 企业虽然从全球价值链中的主导企业获得了一些学习机会，在某些方面成功实现了过程升级和产品升级，但是，另外一些"过程升级"却被压制，他们指出，价值链治理者——全球的领先公司，对地方企业升级的推动或阻挡，决定于地方企业的升级行为是否侵犯了其核心竞争力，而不是决定于升级的"类型"。领先公司为了自身的利益，会推动地方产业或企业实现不侵犯其核心权益的非关键性升级。而一旦地方企业或产业升级行为，侵犯领先公司核心权益，不管是"产品升级"、"过程升级"、"功能升级"，还是"链的升级"，都会被领先公司所阻挡和压制。[①]由此可见，中国企业要掌握全球价值链中高附加值环节的核心技术，必须通过自主的技术进步，形成某种"创造性破坏"，改变原有的竞争优势。只有这样才能打开通往产业升级"机会窗口"。[②]

作为经济发展的载体，社会建设必须以公平和公正为目标，建立包容性的社会体制。经济发展的同时，促成社会环境变得更加公正和平等，在此基础上，人民可以共享经济发展的成果，实现包容性的发展。正是这样，在公平正义的社会环境下，就能够唤起每一位劳动者积极向上的学习进取精神、创业精神，形成财富创造和社会共享机制的良性循环；以全面深化改革的实际行动，着力于体制机制的创新，使政府、企业和居民个人三类社会主体行为具有互补合力，实现经济发展方式的根本转变。

---

① 文嫮、曾刚：《全球价值链治理与地方产业网络升级研究》，《中国工业经济》，2005 年第 7 期。

② 陆德明：《现代世界体系中的中国发展》，格致出版社，2008 年版。

三、全面深化改革，促成经济发展方式加快转变

实现中国经济社会发展方式的转变，必须解决更多深层次问题，党的"十八大"政治报告明确指出，"深化改革是加快转变经济发展方式的关键。经济体制改革的核心问题是处理好政府和市场的关系。"[①] 十八届三中全会在部署全面深化改革《决定》中进一步指出，"紧紧围绕使市场在配置资源中起决定性作用深化经济体制改革，坚持和完善基本经济制度，加快完善现代市场体系、宏观调控体系、开放型经济体系，加快转变经济发展方式，加快建设创新型国家，推动经济更有效率、更加公平、更可持续发展。"[②] 对于如何处理政府与市场的关系，在认识上有了新的深化。较之党的十四大（1992年10月）提出的"让市场发挥配置资源的基础性作用"，"决定性作用"的提法更加有力、更加形象，

[①] 胡锦涛：《坚定不移沿着中国特色社会主义道路前进，为全面建成小康社会而奋斗》，2012年11月8日。

[②] 引自《中共中央关于全面深化改革若干重大问题的决定》，新华社北京，2013年11月15日。

更加强了对于政府之手与之关系的辩证作用次序关系。认真落实发挥市场配置资源的决定性作用，需要进一步调整政府与市场的关系、中央与地方关系、宏观经济与微观经济的关系。只有将这些深层次关系理清并正确处理，才能使经济转型真正获得成功。

政府与市场的关系是我国市场经济改革的主线，也是未来经济转型必须解决的核心问题。强调发挥市场配置资源的决定性作用，对矫正政府与市场的关系意义重大，抓住了经济体制改革的核心问题，点明了经济体制改革的重点难点问题，如何处理好政府与市场的关系需要在理论上加以梳理。

其一，人类社会经济发展实践证明，社会化大生产条件下，经济运行的调节手段要么是由政府直接出面的调节（即计划调节），要么是由经济活动分工主体以竞争合作关系所展开的自发的调节（即市场调节）。对于这种调节手段选择和对这种调节手段相互关系的处理方式，决定形成不同的经济管理体制。鉴于经济活动参与主体数量和经济活动内容的多样复杂，市场经济体制就是让参与主体相互竞争博弈求得均衡，在频繁反复的竞争博弈关系中逐步发现和实现均衡，表现出市场对于经济活动当事人的直接的激励和约束，使经济运行在信息处理、动力机制和激励约束等方面保证了运行绩效。而计划经济体制只是在经济运行的结构比较简单、经济生活存在十分明显的缺陷时，直接的计划行政措施可以迅速解决存在问题才显出它的"高效"或相对有效。当经济运行进入比较常态的情况下，政府集中计划难以处理纷繁复杂的社会再生产经济信息和企业居民个人的多样性的供给需求平衡关系。集中计划管理的方式还抑制了市场竞争机制对企业和居民的竞争激励作用,使国民经济运行丧失活力。需要指出的是,尽管市场经济体制有着在信息、动力和激励机制方面的相对优越性,但是,市场机制有时也会发生"失灵"。比如,2008年最先在美国爆发的全球金融危机就是最为典型的"市场失灵"表现,危机对于经济运行产生的冲击,造成极大的危害。面对危机传递机制所表现出来的大型金融机构可能发生的破产,由此可能产生对整个经济体系带来更加严重的伤害,这时候,政府之手出面援助,用以弥补市场"失灵"所存在的不足。

其二,跟进的需要回答的问题就是,这两者之间是一种什么关系,它们在发挥作用的机理和作用展开层次上孰先孰后,或者说哪个是"第一性"的。如前所述,伴随人类社会大生产进程,对于再生产调节手段的运用,是市场机制作用在先,当市场发生失灵时,政府之手才会出招,用以辅助解决市场机制所存在的失灵或不足。这是从历史变迁的视角看出来的市场与政府之间的关系。再从两者发挥作用具体的方式和内容来进行分析,市场机制表现为现场的当事人之间直接的竞争博弈和约束收敛,因而及时有效产生对当事人的后续行为的调节。而政府的计划调节,表现在宏观总量上的计算掌控,得出相应的调节措施设计。这种计划涉及内容不是空穴来风,计划本身必须建筑在市场作用的基础上。就是说,市场是第一性的,计划是第二性的。政府的调控之手必须尽量减少对市场的直接干预,而是要让市场充分发挥作用,在市场作用失灵时,政府才不得不出手加以调控,而且这种政府调控必须符合市场自身的客观规律。

其三，处理好政府与市场的关系，是我国经济体制改革深化所面临的关键和核心问题，也是当前经济体制改革的重点难点问题。如前所述，我国实行计划经济体制经历了近三十多年的时间，服从于计划经济管理体制的要求，在社会经济运行中的所有制结构、产业规制方式、投资管理体制、资源定价体制、就业体制、收入分配体制、企业家任用方式、政资政企政社政事关系处理等方面，表现为"政府包办一切"的做法，改革的努力朝着市场经济体制转轨推进，从转轨特点考察，旧有的计划管理方式如何退出让市场发挥基础性作用，这里有一个政府与市场两者作用地位的替代问题，尽管改革已经取得的成效，在许多方面已经完成了这种替代，但是，在涉及到产业准入领域、投资管理、资源型产品定价等领域、在政府宏观管理部门的工作方式上，仍然没有充分放开，市场机制还没有真正成为发挥基础性作用的力

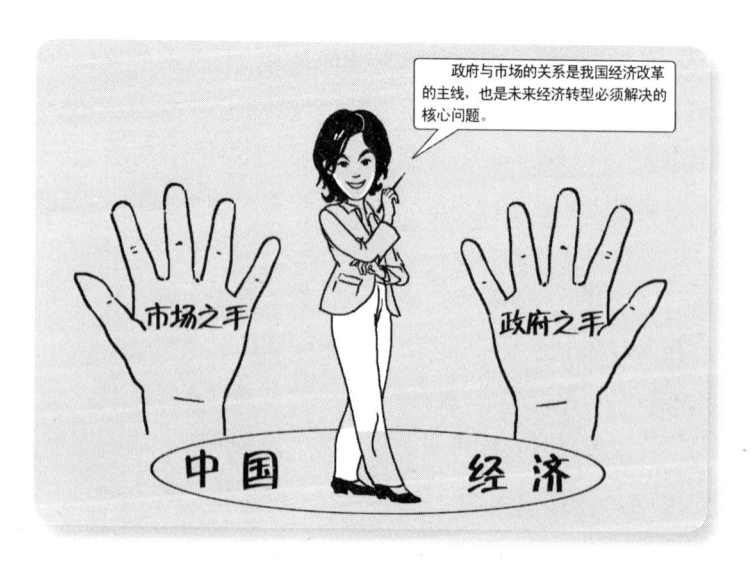

量。进一步放开的已有尝试伴随着可能的不确定、不稳定和不"安全"现象和与之伴随的担忧，使得改革深化推进的难度增大。因此，如何处理好政府与市场的关系，让"市场之手"成为"第一调节"之手，"政府之手"从原来的直接操控方式有序退出，同时又能够发挥基于市场调节力量的辅助力量，在市场作用的基础上，防止"市场失灵"发生或者说及时弥补市场可能发生的失灵，以减少市场失灵冲击对社会经济运行产生的震动和损失，形成市场与政府之间的良性互动关系。

其四，处理好政府与市场之间的关系，发挥市场配置资源的基础性作用，必须继续推进资源性产品定价体制的改革、推进产业规制方式的改革、推进企业家管理体制的改革，由此形成全面完整、客观科学的资源配置评价体系，这对于整个国民经济管理水平和国民经济运行质量的提高都会产生积极的意义。上述改革任务聚焦在对于政府管理工作机制的改革、对于政府调控管理经济运行的工作方式的改革，从而政府行政体制的改革，与此相关联，政府对于国有企业管理和对于国有资产管理方式的改革，等等。党的十八届三中全会通过的《决定》已经对加快完善现代市场体系做出科学严密的规划安排，需要我们认真推进落实。

处理好政府与市场关系奠定了经济体制建构的核心内容，理顺了经济运行两种调节机制的相互关系，必然会为经济活动的其他方面的有序展开创设科学合理的环境；促进竞争秩序的公平和法制化，有助于现代市场体系的发育，使各类要素自由流动、活力迸发，经济活动的效率效能大大提高，形成资源节约型、环境友好型经济发展与环境良性互动，经济发展迈上可持续轨道，在"五位一体"的总体布局下，不断开拓生产发展、生活富裕、生态良好的文明发展道路。

第四章

体制创新释放"改革红利"

创新有赖于改革的深化,以改革驱动创新,改革本身就是创新。具体表现为思想解放、观念转换,推进工作的机制方式和业务流程的变革,表现为主体行为方式的变化,与之关联的是对于经济活动效率评价标准的变化。

第四章 体制创新释放"改革红利"

从这一章开始,我们转入讨论以改革驱动创新,实现创新驱动的几条具体途径,包括科技创新、组织创新和管理创新。经过三十多年的改革开放,我们已经收获了巨大的"改革红利",对改革的性质使命特点有了直接的深切的理解和体会,并清醒地认识到"实践发展永无止境,解放思想永无止境,改革开放永无止境"。"改革开放的成功实践为全面深化改革提供了重要经验,必须长期坚持","坚持解放思想、实事求是、与时俱进、求真务实,一切从实际出发,总结国内成功做法,借鉴国外有益经验,勇于推进理论和实践创新"。[①] 党的十八届三中全会对全面深化改革做出了新的部署,揭开了中国改革开放发展的新的历史时期的序幕,当下,"创新驱动,转型发展"已经成为上下共识和推进实践前行的工作方针。

一、"改革红利"的意义理解

所谓"改革红利",实际上就是一个国家或地区在特定发展阶段通过改革、制度或者体制的调整带来的发展优势,

---

① 引自《中共中央关于全面深化改革若干重大问题的决定》,新华社北京,2013年11月15日。

以及利用这种优势所带来的好处，让制度或者体制释放出更大的能量，推动经济前进。"改革红利"也可叫做"制度红利"、"体制红利"。

改革开放以来的三十多年里，改革和开放为中国带来了巨大的发展机会，释放了惊人的生产力。各项改革措施已经涉及到社会生活的方方面面、涉及到经济运行再生产活动的各个环节，我们已经很难一一罗列。农村实行以家庭联产责任承包制为核心的改革极大调动了农民的生产积极性，农民收入迅速增加；城市经济中，国有企业改革从"放权让利"、"两权分离"，推行经济责任制，到"建立现代企业制度"的一系列行之有效的改革，不但强大了一批具有实力的国有企业，可媲美外资企业集团，同时催生了民营经济的快速发展，推进了社会主义市场经济体制的建立和完善，有效增强了中国经济总体的国际竞争力。生产流通领域经济体制的改革必然会促动金融体制的相应改革。在金融领域，进入新世纪以后，加快了对国有商业银行的股份制改造，国有的四大商业银行都改为国有控股的股份公司制度，并先后完成了在香港及内地两地 IPO 上市。国有控股上市银行改革工作取得了历史性的突破和重大进展，一举消除了曾经被国际社会称之为"中国国有银行在技术上已经破产"的重大金融风险隐患，并走上了资本充足、资产优良、风险可控、盈利增长、安全稳定的现代先进商业银行的发展道路。在居民生活领域，20 世纪 90 年代之后推进的住房制度改革释放了巨大的改善性住房需求，为中国经济提供了强大的推动力。2001 年中国加入 WTO 之后，中国改革和开放的步伐不断加快，上市公司股权分置改革、集体林权制度改革、人民币汇率形成机制改革、企业和个人所得税制改革、资源税费改革、营改增①等等相继推出；在社会领域，文化体制改革、医疗卫生体制改革、社会保障体系建设等改革都在不断推进。

改革的举措全面覆盖到我国经济社会生活各个领域，"改革是中国最大的红利"。然而，"红利"本来是投资收益回报的概念，就一般意义而言，可能伴随环境变化而消失，正是这样，改革不能停顿，也不会停顿，才能继续不断地解放生产力，不断释放产生新的红利。十八届三中全会吹响了全面深化改革的号角，改革进入2.0时代。我们对新发展阶段改革的难度有足够的估计，自觉主动推进以开放促改革，推进全面改革深化，"最大限度调动一切积极因素，敢于啃硬骨头，敢于涉险滩，以更大的决心冲破思想观念的束缚、突破利益固化的藩篱，推动中国特色社会主义制度自我完善和发展"，②进一步释放新的红利。

改革就是突破、破除旧的思想观念；改革就是创新，形成工作方式新机制、新体制。改革就是要对既有的、人们已经习惯熟悉的东西进行变革，解除对人的束缚，对思想的束缚，对行为的束缚，以实现解放生产力，保持经济持续快速

---

① 2011年，经国务院批准，财政部、国家税务总局联合下发营业税改征增值税试点方案。从2012年1月1日起，在上海交通运输业和部分现代服务业开展营业税改征增值税试点。至此，货物劳务税收制度的改革拉开序幕。自2012年8月1日起至年底，国务院将扩大营改增试点至10省市。截至2013年8月1日，"营改增"范围已推广到全国试行。

② 引自《中共中央关于全面深化改革若干重大问题的决定》，新华社北京，2013年11月15日。

发展的能力。然而，任何创新都是具有挑战性、存在一定的不确定性。基于马克思主义历史唯物主义方法论，当今社会科学技术日新月异，带来社会分工劳动方式的变化，从而社会生产组织和维系方式的变化，既有的管理体制和方式、经济运行机制和体制如何与之相适应，需要始终保持改革的精神态度，与时俱进加以变革。正是这样，创新需要改革者具有敏锐的洞察力，具有把握未来的能力，具有锐意进取的创新精神。

二、培育可持续发展机制的改革因素讨论

回顾三十多年的改革历程，改革是一项系统的工程。改革带来全社会学习能力的增强和理论的不断丰富创新。伴随着改革开放发展的进程，我们已经探索出一条具有中国特色的社会主义发展道路，依据马克思主义历史唯物主义原理指导，立足于我国长期处于社会主义初级阶段这个最大实际，坚持发展仍是解决我国所有问题的关键这个重大战略判断，在坚持以公有制为主体、国有制为主导的基本经济制度前提下，坚持"两个毫不动摇"，对公有制经济和非公有制经济"一视同仁"，积极发展混合所有制经济，有利于各种所有制资本取长补短、相互促进、共同发展。理论的创新，促动思想观念上的转变，也带动各类主体更多地围绕发展生产力

这一根本任务思考经济活动规则和政策设计，由此创新经济运行机制和体制。特别是以经济体制改革作为全面深化改革的重点，抓准"处理好政府与市场的关系"这一改革的核心问题，让市场发挥配置资源的决定性作用，自然也就为推进价格体制改革和投资体制改革确立了基准，目标就是建设统一开放、竞争有序的市场体系。从既往的政府管理经济的"正面清单"形式，也就是"审批制"形式转变为"负面清单"管理模式，"把政府的权力关在笼子里"，由此释放出莫大的企业家创新的空间。政府管理经济的监管从原来的"事前的""审批"转变为事中、事后管理，也就有助于将政府和企业行为纳入法制的轨道，提高政府的公信力和执行力，压缩减少官员的裁量权，有助于建设"法治政府"、"服务政府"和"廉洁政府"，使法治精神更好地植入市场经济运行之中。正是这样，加快推进政府职能的转变，也必然有助于政府治理能力的提升。

理论的创新带动思想观念的创新，思想观念的创新促动经济主体行为方式的创新、社会经济运行机制的创新，最终也就为现实社会主义制度的创新开辟新的空间。比如，十八届三中全会《决定》中，对公有制经济和非公有制经济的地位强调"同等重要"，财产权"同样不可侵犯"，强调"权利平等、机会平等、规则平等"，等等。特别是"鼓励非公有制企业参与国有企业改革，鼓励发展非公有资本控股的混合所有制企业，鼓励有条件的私营企业建立现代企业制度"，必将为保持公有制控制力、影响力的混合所有制经济发展、为社会生产力发展开拓无限空间的光明前景，创新公有制实现的新形式。

83

立足于生产力快速发展,以经济建设为中心,发挥经济体制改革的牵引作用,在此基础上,保持经济快速可持续发展,其他各个方面的改革就可以在比较宽松的经济基础上展开。比如,发挥市场配置资源的决定性作用,有助于加快政府职能的调整,有助于深化财税体制的改革,发挥财税体制在优化资源配置、维护统一市场、促进社会公平、实现国家长治久安等方面的制度保障作用;有助于加快推进城乡一体化建设进程。基于社会生产力的快速发展、基于宽松的财力,必然会为社会建构其他各个方面的改革和制度创新,包括:民主政治制度建设、推进法治中国建设、强化权力运行制约和监督体系;推进文化体制机制创新、推进社会事业改革和社会治理体制创新和加快生态文明制度建设,打下坚实的物质基础。

三、破解"既得利益结构"藩篱,"攻坚"前行

随着我国全面深化改革大幕的拉开,我们在整体上享受到"改革红利"的同时,已经清醒地认识到,改革转轨进程所推出的相关措施,在不同领域、不同部门和不同社会阶

层，改革带来的收益分布差异很大，形成一定的既得利益格局。进一步推进的全面深化改革，在广度和深度上推进市场化改革，促进社会公平正义，必然会触动既已形成的既得利益格局，改革进入攻坚期和深水区。

回溯三十多年改革进程，在改革初期，整个经济环境处在"紧运行"的短缺经济状态，面对改革，所有人都没有多少包袱，都能够积极地投身改革，不存在什么既得利益的羁绊。例如，以家庭联产承包为标志的农村经济体制改革，释放出农业经济发展活力，让所有人得利，让所有人叫好。而改革至今，一些浅层次容易办的问题已经解决，剩下的都是"啃骨头"工程，改革的难度越来越大，改革的成本越来越高。改革初期所采用的"增量改革"的做法，以增量新机制带动存量变革，容易推进并收到实效。今天，社会主义市场经济体制已经基本建成，经济发展保持了持续高速发

展的势头，普通民众都已经进入小康生活阶段，特别是在2008年在美国最先爆发的金融危机对全球经济的冲击，中国经济保持了政府对经济的直接调控能力，表现出"一枝独秀"的发展惯性。因此，有一种观点认为，我们今天已经形成的经济体制是"成功的"、理想的，以至于有"中国模式"之说，那就意味着改革已经达至一种"理想的成熟的"境界。这也成了那些"既得利益者"阻碍改革继续前行的借口。正是这样，我们可以说改革需要"再出发"。具体说，改革的"深水区"和攻坚的内容可以从以下几个问题的讨论中看出端倪。

首先，国有经济的定位和国有经济改革的深化。国有企业改革一直是中国经济体制改革中的重要环节。国有经济的定位和国有企业的改革，涉及到如何科学处理解决好"公有制与市场经济相融合"的关系问题。实践证明，选择股份制形式配置国有资本股权，即通过"国有资本证券化"可以灵活地处理国有资本配置和按照市场规则合理流动，使得"国有企业总体上已经同市场经济相融合"。改革深化推进借助积极发展混合经济的思路，进一步优化国有资本的配置领域和配置结构，在具体企业组织优化国有资本股权比重，逐步摸索国有资本配置的分类管理。与此同时，对国有资产管理体制的改革完善，从原来的管资产转向管资本为主，同时，理顺国有资本投资运营的组织体系，优化公司治理结构和治理机制，激发不同所有制优势互补、相互促进、共同发展，实现资本保值增值。

其次，逐步开放产业准入，保证各种所有制经济依法平等使用生产要素、公开公平公正参与市场竞争。在中国的市场经济改革过程中，居民生活消费资料和生产资料的绝大部分已经放开；企业作为市场活动的主体对于日常经营活动拥有完全的自主权力；在劳动者就业和劳动工资发放水平的决定、货币资金等生产要素的供求关系处理也已经引入市场竞争机制。另一方面，社会再生产管理活动中，联系行政体系层级加以考察，基层政府部门和行政组织能够直接感受到市场力量和调节作用的存在，但是，层级越高，改革变化的影响相对弱一些，特别是政府相关部门的施政行为方式变化不大，表现为在全社会经济活动中，国民经济运行管理对于资源性产品（包括能源、钢铁等原材料、铁路交通服务、电信服务等）的定价等方面基本上还是处在传统体制管理方式没有完全放开，与之相关的是基础性产业部门（包括金融、银行、电信、石油、铁路、钢铁等）的准入并没有完全开放，市场的调节机制依然没有真正植入。正是由于这些产业部门处在国民经济体系构造的"上游"，它们的运行方式直接决定和影响了"下游"企业和国民经济活动，资源型产品定价方式的不合理，从而高定价，实际上是抽取了下游使用这些资源和服务的企业的效益，市场机制对国民经济运行各部门和管理环节的"耕耘"、从而市场化"转轨"就止步于此。在未来的改革中，如何解决产业开放问题决定了市场发育的速度和方向，也同时决定了对行政垄断型产业领域的改革。因此可以说，推进产业开放，加快垄断行业改革能够大大提高资源配置和利用效率，也是中国改革红利的重要源泉。

再次，如何破解既得利益结构的羁绊。三十多年来，中国改革从易到难，从局部到全局，从逐个击破到全盘考量，每一步都涉及利益关系调整。过去的改革触动一部分人的利益，呈分散式碎片化状态。今后的改革要触动若干庞大的利益集团的利益，改革的难度越来越大。比如中国的分配制度改革已经酝酿讨论了 8 年，至今尚未出台，其中工资制度的改革就因为垄断行业从中作梗而过早流产。这类改革大多涉及央企、垄断行业，这些庞大的既得利益集团是中国改革的深层次阻力，是亟待破解的瓶颈和体制性障碍。正如李克强总理所说的，"现在触动利益往往比触及灵魂还难"。有鉴于此，进入深水区的改革应更敢于调整利益关系，需要政府和行政新垄断保护的部门牺牲自己的既得利益，拿出"革自己命"的勇气。无论是财税金融体制改革，还是公立医院改革；无论是价格改革，还是收入分配改革；无论是加快金融改革，还是整治食品安全，都需要首先改变部门利益、地区利益、行业利益突出的局面，加强权力约束，改变政府权力在一些领域较多介入资源配置的局面，拆除束缚企业投资经营活动的藩篱，解放和发展生产力。

四、"以开放促改革"的思考

中国经济改革的过程一直与开放相伴，改革包括开放，开放也是改革。对外开放是中国从闭关自守向借助外部技术和知识、外部市场、外部管理经验为参照，检讨促进改革、参与外部经济活动的过程。在过去的三十年里，中国坚定地走改革开放的道路，在国际竞争中发展自己，在外部环境的影响下进行内部改革，取得了骄人的成绩。而在未来，在更加困难的改革面前，我们更应该坚定开放的路线，以开放促改革。

1. 对外开放的一般理论意义的再认识

如何应对全球化潮流的冲击，是主动融入还是被动卷入，对一国经济产生的影响效应可能会截然不同。中国选择了主动开放、自觉融入的对策，享受到全球化红利十分显著。加深对主动开放意义的理论认识，是我们继续推进开放的重要思想积累和行动起点。

首先，开放可以使我们将自己放在一个更大、更客观的参照评价体系之中，这有利于我们认清自己，看到自己的差距与问题，而不是自傲自满于现在的成绩。其次，开放使我们可以在国际竞争中培养出坚韧的精神、超强的实力和竞争力。竞争力的提高需要在与世界强国的竞争中培育出来。以往的实践证明，在"保护主义"、"幼稚工业"等理论的指导下，长期的闭关自守，关着门搞研发，搞生产，很可能使得幼稚的工业一直幼稚，甚至胎死腹中。只有在开放的环境中，才能促使产业真正发展起来。再次，开放使得我们能够更有效地利用比较优势。几十年的对外贸易使我们将相对充裕的生产要素利用起来，并在国际贸易中进行交换，通过这种交换获得进一步培养人才、发展教育、进行基础建设的资本。虽然，有批评说在这种贸易中我们挣不到大钱，但是没有这些以比较优势所获得的好处，发展更是无处谈起。而在未来，我们要通过改革重新确立中国的比较优势，继续在这种国家分工、国际贸易中立足、升级，充当更重要的角色。最后，开放使我们可以获得较多的外部资源。在过去三十年的实践中，外资对于中国经济的带动作用是显而易见的。在我们受制于一些历史原因、自然原因无法发展起来的情况下，国际上追逐高额利润的资本流入，与中国较为廉价的劳动力相结合，成就了中国许多产业的发展，虽然在初始阶段，甚至有被外资"占便宜"的嫌疑，但是随着我国产业的逐步壮大、民族企业的发展以及劳动力水平的提高，我们有更大的能力使这些外部资源为我所用。第五，开放使得我们能够得到先进知识、技术、管理理念、经营模式的"外溢效应"。先进的国家之所以先进，正是因为他们积累了强大的知识存量。而知识的外溢使我们更够站在巨人的肩膀上，快速发展。第六，开放能够使我们在制度层面得到更多的借

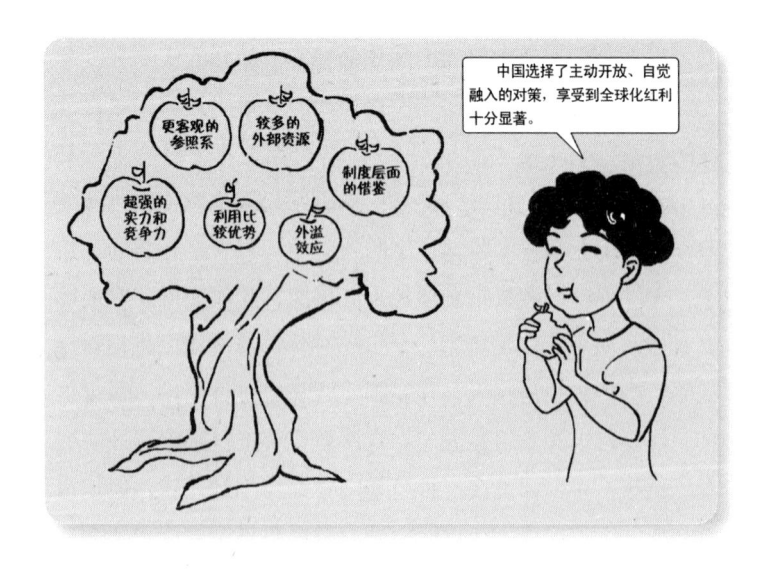

鉴。我们从计划经济向市场经济的转变过程既是向成功经验学习，又是向先进的制度设计学习的过程。向市场经济国家学习他们在多年的实践中发展起来的行之有效的制度使我们可以少走弯路。然而开放并不是一个只赢不输的过程，在开放的过程中必然面临着众多风险、挑战、危机和陷阱。然而这些都不应该成为我们放弃开放的理由，而是应该在危机中寻找机遇，在挑战中快速成长。

2. 加快转变对外经济发展方式，进一步释放"开放红利"

党的"十八大"报告提出"适应经济全球化新形势，必须实行更加积极主动的开放战略，完善互利共赢、多元平衡、安全高效的开放型经济体系"。[1] 十八届三中全会通过的《决定》对"构建开放型经济新体制"的相关工作内容进行了"全面设计"，特别提出了"必须推动对内对外开放相互促进、引进来和走出去更好结合，促进国际国内要素有序自由流动、资源高效配置、市场深度融合，加快培育参与和引领国际经济合作竞争新优势，以开放促改革"。[2] 自从中国于2001年加入世界贸易组织（WTO）之后，中国的外向型经济发展步入快车道，劳动力资源的比较优势充分发挥，中国迅速成长为全球最大的货物贸易出口国，充分享受到对外开放的"全球化红利"，既解决了劳动力就业问题，

---

[1] 胡锦涛：《坚定不移沿着中国特色社会主义道路前进，为全面建成小康社会而奋斗》，2012年11月8日。

[2] 引自《中共中央关于全面深化改革若干重大问题的决定》，新华社北京，2013年11月15日。

又带动中国工业化的进程，成为中国经济快速发展重要力量；同时也带动学习吸收了国外大工业技术和产业管理的经验，通过"学习效应"途径，节约了我们追赶技术进步潮流的时间。我们在肯定开放引进取得成绩的同时，必须看到我们的外贸出口能力主要是"加工贸易"方式。因此，"加快转变对外经济发展方式"就成为新一轮发展的重要任务。

主动开放，加入世界分工体系，基于劳动力优势承接全球产业转移，使中国迅速成为"世界工厂"，成为全球贸易体系新的重要一极，必然会打破以美国为首的西方发达国家主导的全球贸易体系的均衡。正是由于中国对外贸易经济交往中的货物贸易数量能力，在我们参与的贸易活动中，出现一种相对不利的局面，就是当我们作为买家出现（主要是大宗商品贸易，如石油、铁矿石等），表现为价格的上涨；当我们作为卖家出现，货物价格就下跌。显然我们处在一种竞争关系的不利地位，实际上我们还不具有对全球贸易交往定价的话语权能力，表明国际化经营能力不强。另一方面，我们以劳动力优势承接加工制造任务，所获取的收益在商品总体定价中所占的份额很低，处在产品"微笑曲线"的低端。因此，如何形成以技术、品牌、质量、服务为核心的出口竞争新优势，促进加工贸易转型升级，成为摆在我们面前的急迫的任务。出路还是在于开放自身。正是这样，寻求对外开放的新途径，实施自由贸易区战略，我们及时推出建立中国（上海）自由贸易试验区的重大举措，探索国际化、法制化营商环境，探索投资便利化、贸易自由化、金融自由化和政府监管法制化，重点在服务领域扩大开放，全面引领对外经济发展方式的转变升级，依此应对新一轮以服务贸易为重点的全球贸易新规则的变化，争取在全球规则制定中的话语权。

国际经济经验告诉我们，"自由贸易区"体制是一种最高等级的对外开放体制。本质上就是形成更低成本运行的国际经济往来规则，通过降低通关监管、贸易、结算、筹融资、保险、货代等商务环节的成本，形成一国经济与全球经济往来的交投结算的地域空间枢纽，带动区外市场运营和经济体制机制的变革。正是这样，我们希望上海自由贸易试验区在三年内要探索出"可复制、可推广的经验"，为后续推出的多个"自由贸易区"探路。在进一步收获"开放红利"的同时，最大限度地控制开放可能带来的风险。根据上海自由贸易试验区实施方案，围绕六大服务领域的开放，实施"负面清单管理"办法，赋予外商投资者准入前国民待遇，大大提高投资便利化程度；在自贸区实行利率汇率自由化政策，有利于企业更低成本筹措资金；开放外汇自由流动，有助于加快人民币国际化步伐；通过发展离岸贸易、离岸金融，有助于跨国公司总部集聚，形成综合运营功能，提高我国参与国际经济活动的经营能级；更好地发挥上海港的区位优势，发展大宗商品期货贸易交割功能。所有这些，对于转变对外经济发展方式具有直接的作用。

除此之外，自贸区运行必然会带来经济贸易金融航运活动量的增长，带动中国经济与全球经济的深度融合，促进国际国内要素有序自由流动和资源配置效率的提高发挥作用；为中国经济保持持续快速发展作出自己的贡献；而且会在经济管理体制和管理效能标准上形成对区外经济的启发示范，对于建立公平开放透明的市场规则具有积极的推动作用。包括实行统一的市场准入制度，实行"负面清单"管理方式，推进工商注册便利化，实行注册资本认缴登记制，推进国内贸易流通体制改革，建设法治化营商环境。

3. 提高中国企业"走出去"参与国际竞争的能力

市场的周期波动不以人的意志为转移总是存在，周期落差对于企业家而言就是商机。伴随改革开放进程，中国企业通过投资、承包工程等多种方式走向国际市场，逐步积累形成一定的经验，锻炼培养了一批经营者人才队伍，成长出像联想、华为、吉利等多个具有国际影响的企业。实践证明，基于中国对外货物贸易所积累的巨额外汇资金能力和经营人才队伍能力，特别是2008年发生于美国的金融危机对全球经济的冲击，全球经济波动给中国企业"走出去"提供一定的机会。通过改革涉外投资审批体制，扩大企业和个人的对外投资，允许企业到境外开展投资合作、承揽工程和劳务合作，允许走出去开展绿地投资、并购投资、证券投资、联合投资，将会给企业赋予更大的自主权，更好地因应国际市场变动特点，在全球范围筛选发展机会，锻炼提高中国企业参与国际竞争的能力。

诚然，企业走出去投资经营、承揽工程，与国外市场打交道，除了技术、财务、金融等直接的经营知识外，还受到语言、法律、商务惯例、宗教文化等方面的知识经验缺乏等要素瓶颈制约，需要我们引起足够的重视。走出去的行动有一个循序渐进、学习积累的过程。如何在鼓励走出去、促进对外投资的同时，处理好立足国内市场、整合国际市场，熟悉国际惯例，提高市场经营的驾驭能力，同时发育成长对外经营活动的风险预警和化解能力,是一个摆在中国企业家面前的具有挑战性的重要任务。

值得一提的是,在我们关注对外开放、"引进来"和"走出去"双向互动,提高参与和引领国际经济合作新优势发展任务的同时,不要忘记,国内东中西部发展水平的落差,也应该成为有见地的企业家经营的对象。换句话说,对内对外开放相互促进、有机结合,是我们提高资源配置效率的重要手段,也是我们加快转变经济发展方式的重要工作内容。

第五章

科技创新与经济竞争力培育

人类漫长的经济发展史和诸多理论研究成果已经证明,科技创新是实现经济持续发展的关键驱动力,也是一个国家和地区提升经济竞争力的重要途径。科技创新对经济社会发展所产生的影响是全方位的,表现为社会生产方式、居民生活方式甚至个体思维模式的广泛变化,但最后都会通过生产率的提高,对经济增长产生关键性影响。

一、内生经济增长的主题内容

在世界经济发展历史中,最令人着迷、也最诱人的议题之一,便是世界经济在中世纪之后的异军突起。根据英国经济史学家麦迪逊的估算,在第一个千年(公元0—1000年)里,世界人口增长了1/6,人均收入未能实现增长;但在第二个千年(公元1000—1998年),世界人口增加了22倍,同时人均收入增加了13倍,其中大部分是最近200年里实现的,1820—1998年世界人均收入增长了8.5倍。这种巨大的变化正是源自于科技创新所驱动的工业革命的发生。

中世纪之前的世界,人口和财富增长都局限在较低的水平,经济发展处于"人口增长—食物短缺—生活水平下降—

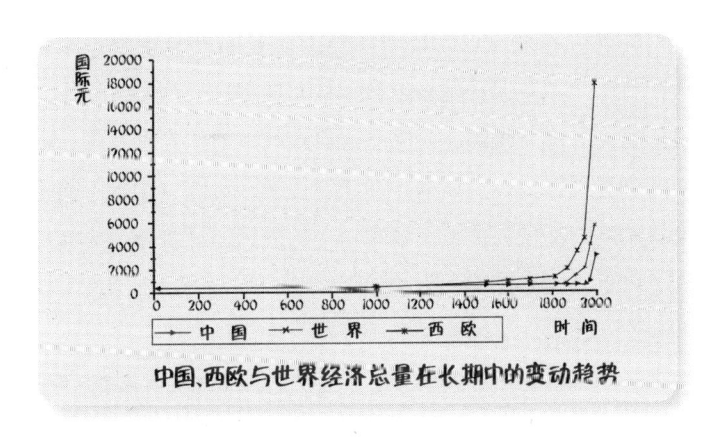

中国、西欧与世界经济总量在长期中的变动趋势

人口减少—食物富足—生活水平上升—人口增长……"的封闭循环之中。在那个年代，任何物体的移动速度都不会超过马的速度，同时也是一个如伯恩斯坦所言"凶杀死亡人数大大高于意外死亡人数"、"绑架是一种常见谋生之道"的时代。彼时，没有持续的经济增长，没有真正的世界霸主，只有无休止的国家更替与有限资源下的战争掠夺，以至于马尔萨斯提出要对人口进行"积极抑制"，以缓解发展难题。

18世纪后期开始，这种状况发生了重大改变。凭借着科技创新浪潮，在不到100年的时间里，发生了两次工业革命，从而使人类社会结束了几千年来"人口—食物"此消彼长的恶性循环，摆脱了马尔萨斯魔咒，突破了传统经济增长的天花板，实现从农业社会向工业社会的转变，人口和物质财富都得到指数级增长。以至于马克思惊叹"资产阶级在它的不到一百年的阶级统治中所创造的生产力，比过去一切世代创造的全部生产力还要多，还要大"。[①] 更为重要的是，工业革命和技术变化的连续发生，预示着一个全新时代的到来，新知识、新技术产生的随机性和偶然性越来越小，获取知识的渠道越来越广，将研发作为职业的群体规模越来越大，新产品、新选择越来越多，从而经济增长的参数发生了根本变化。毫无疑问，人类应对自然约束的能力和从中享受到的福利也得到极大增进。在此过程中，英国、德国、美国等将制度、文化和技术等要素结合的最好的经济体，崛起成为了真正具世界性的大国和强国。

---

① 马克思、恩格斯：《共产党宣言》，《马克思恩格斯选集》第一卷，人民出版社，1972年版，第256页。

一、内生经济增长的主题内容

在世界经济发展历史中，最令人着迷、也最诱人的议题之一，便是世界经济在中世纪之后的异军突起。根据英国经济史学家麦迪逊的估算，在第一个千年（公元0—1000年）里，世界人口增长了1/6，人均收入未能实现增长；但在第二个千年（公元1000—1998年），世界人口增加了22倍，同时人均收入增加了13倍，其中大部分是最近200年里实现的，1820—1998年世界人均收入增长了8.5倍。这种巨大的变化正是源自于科技创新所驱动的工业革命的发生。

中世纪之前的世界，人口和财富增长都局限在较低的水平，经济发展处于"人口增长—食物短缺—生活水平下降—

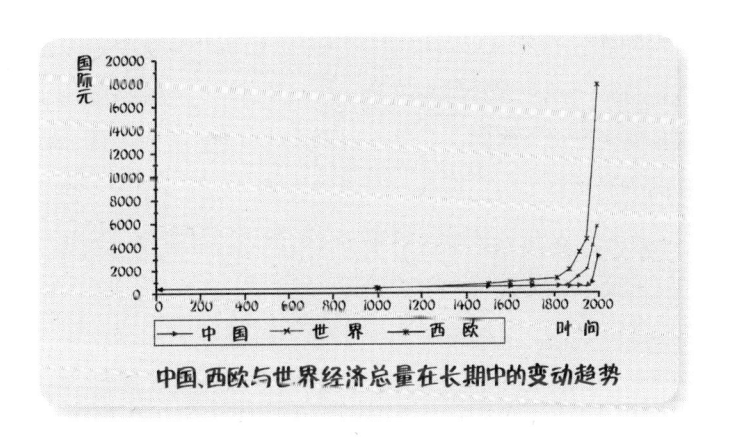

中国、西欧与世界经济总量在长期中的变动趋势

人口减少—食物富足—生活水平上升—人口增长……"的封闭循环之中。在那个年代,任何物体的移动速度都不会超过马的速度,同时也是一个如伯恩斯坦所言"凶杀死亡人数大大高于意外死亡人数"、"绑架是一种常见谋生之道"的时代。彼时,没有持续的经济增长,没有真正的世界霸主,只有无休止的国家更替与有限资源下的战争掠夺,以至于马尔萨斯提出要对人口进行"积极抑制",以缓解发展难题。

18世纪后期开始,这种状况发生了重大改变。凭借着科技创新浪潮,在不到100年的时间里,发生了两次工业革命,从而使人类社会结束了几千年来"人口—食物"此消彼长的恶性循环,摆脱了马尔萨斯魔咒,突破了传统经济增长的天花板,实现从农业社会向工业社会的转变,人口和物质财富都得到指数级增长。以至于马克思惊叹"资产阶级在它的不到一百年的阶级统治中所创造的生产力,比过去一切世代创造的全部生产力还要多,还要大"。[①] 更为重要的是,工业革命和技术变化的连续发生,预示着一个全新时代的到来,新知识、新技术产生的随机性和偶然性越来越小,获取知识的渠道越来越广,将研发作为职业的群体规模越来越大,新产品、新选择越来越多,从而经济增长的参数发生了根本变化。毫无疑问,人类应对自然约束的能力和从中享受到的福利也得到极大增进。在此过程中,英国、德国、美国等将制度、文化和技术等要素结合的最好的经济体,崛起成为了真正具世界性的大国和强国。

---

① 马克思、恩格斯:《共产党宣言》,《马克思恩格斯选集》第一卷,人民出版社,1972年版,第256页。

围绕着世界经济的变迁,人们对经济增长理解的深度和广度也在不断演进。之前很长的时期里,人们一直都把技术进步当作外生因素,觉得自然资源是第一位的生产要素,第二个是物质资本,第三个是劳动力(普通劳动力),只要增加这三个方面的投入,经济就能得到持续增长。但是实践证明,由于边际收益递减规律的作用,自然资源、物质资本和劳动力投入并非越多越好,量的堆积到了一定程度,弊就大于利,收益会逐渐下降,这意味着单纯依赖要素投入的外延式经济增长又存在新的"天花板"。对经济增长理论的深入研究逐步发现,在决定经济增长的因素中,除了这几个要素外,技术进步发挥着比想象中重要的作用,它是突破新的增长瓶颈,实现现代财富增进的主要力量,创新在经济实践和理论研究中的地位不断得以挖掘和凸显。

20世纪80年代,以罗默为代表的经济学家提出了内生经济增长理论,揭示出技术创新在现代经济增长中的关键性作用。第一个发现是证明了科技创新的边际收益递增的特性,区别于其他传统生产要素,技术创新的作用是渗透、弥漫、物化于所有生产力要素(包括劳动力、劳动对象、生产资料、管理和组织要素等),通过综合提升要素生产率,发挥整体乘数性作用。另一个是发现是科技创新并不是上天给的礼物(外生),尽管技术变化过程仍充满较强的不确定性,但通过对科技的持续投入,可以取得稳定的科技产出,从而证明了科技创新的内生特性。内生经济增长模型由于考虑了技术内生性特征,使得生产函数具有了规模收益递增的特点,也就使持续增长成为可能。内生经济增长理论对各国的增长政策和实践提供了重要理论依据。过去的几十年里,发达和发展中国家都纷纷提升科研投入在各自GDP中的比重，结果以美国为代表，率先进入了新经济增长阶段。

可见，内生式增长是现代经济增长模式的主要特征，而其核心主题是以科技创新为支撑的效率提升，这是经济发展规律，也是客观要求。中国经济已经走过了六十多年的发展，依靠增加传统要素投入的经济增长模式曾经做出巨大的历史贡献，特别是改革开放三十多年来，伴随市场化改革，要素的空间流动性大大增强，配置效率得到很大提升，支撑了经济的快速发展。但在步入新的经济发展阶段后，低起点、粗放型的发展模式已经难以为继，资源红利、人口红利正在减弱，经济增速放缓、环境和生态问题以及国民新诉求，都对换一条更持续、更有效的发展道路提出迫切的要求。

中国发展方式转型就是要从资源、投资密集型经济向以创新驱动为主要特征的内生经济增长阶段转变，通过新的科技要素的投入和作用，改进"生产函数"，争取新的更加理想的投入产出关系，通过发挥创新对增长的倍数作用，实现发展的可持续性，同时解决发展中遇到的能源和生态环境约束等瓶颈。科技创新活动的重要性在于它不断揭示出新自然科学规律和人类行为（心理）发生规律，集成了心理学、社会科学和自然科学的知识，由于规律具有内生性和自发生命力，从而也具有可持续能力。科技创新的终极目的是改善人类生活质量，不断提高民众的福利水平，提供更加绿色、更加舒适的生活消费品。因此，以科技创新推动经济转型既是按照规律办事，也是转变经济发展方式的基本要义和基本内容。

二、新时期产业技术进步主要形式

作为重要的载体，现代经济增长实质上依赖的是以企业为核心的、一系列产业的技术进步。根据主体划分，产业技术进步可以分为模仿创新、集成创新和自主创新三类。根据来源，我们又可以将模仿创新和集成创新归为外源式创新，自主创新归为内源式创新，前者主要通过直接引进国外先进技术设备、吸引技术较先进的外商直接投资来实现，后者则主要靠本土企业和研发机构的自主研发实现。

产业技术进步应该采取哪种方式？客观来说，不论是内源式还是外源式创新，都可以达到提升产业技术水平的目的，利弊共存，不能简单判断哪个好、哪个坏。外源式技术进步最大的好处在于成本低、见效快、风险小，缺点在于有些高精尖技术的购买和使用成本高，且一般会受到出口国的严格管制，对关键技术部分保密度高，不利于技术的持续升级。内源式技术进步的优点是所有技术都掌握在自己手中，拥有全部知识产权，使用灵活，便于升级，具有很强的地理根植性。选择哪种产业技术进步方式既受到经济发展阶段的客观约束，也是与国际交往深度、广度的经济结果。

对一国而言，当本国产业技术水平与国际先进水平存在较大差距，选择外源式技术进步道路可以充分发挥自身的后发优势，在短时间内实现产业的升级更新，缩小与发达国家的差距，快速提升产业竞争力；当技术水平与国际先进水平差距不大时，选择外源式创新的成本和难度都比较高，而内源式创新成为保持产业竞争力最佳手段。因此，产业技术进步"找米下锅"与"种米下锅"都不能偏废。

外源式创新在我国产业技术跨越式发展过程中起到过重要贡献。从我国看，新中国成立后三十多年中，大部分时间里都是以模仿创新为主要内容的外源式创新，主要是师从苏联，这是由我国在新中国成立初期落后的经济社会条件和国际政治环境所决定的，结合具体的项目建设，外源式技术创新为国家经济的起飞和巩固国防，贡献了重要力量。改革开放后，凭借后发优势，充分利用发挥外源式创新的长处，推动经济跨越式发展：一方面，在20世纪80年代主要通过大量购买国外知识产权，"跟着巨人走"，这次老师从苏联变为欧美,以直接拿来主义方式,在国民经济不同领域引进大量的国外先进技术,同时以"逆向工程"(Reverse Engineering)升级、开发新产品,有效缩短了与发达国家间的差距,节约了发展时间。另一方面,在20世纪90年代以市场换技术,大力吸引外国直接投资,通过政策优惠鼓励外资企业在华进行研发活动,通过知识外溢效应,间接提升国内产业技术水平,在看懂学会的基础上,逐步提出主动集成,做到"与巨人并肩走"。

但外源式创新的问题也逐步显现。尽管国内产业的技术能力和竞争力得到快速提升,但由于资源配置的全球化和专业化,国内大部分产业特别是制造业集中在产业链的中间、附加值最低的环节,从事产品加工和组装,没有自主创新成果,经济性十分有限。超过一半的出口产品是由外资企业或合资企业生产,在高科技产品出口总额中,外资企业更是占到3/4以上。外源式技术进步过程中,产业的大部分收益都装进了国外企业的口袋,最典型的例子就是苹果系列产品,每年出售的近2亿台iPhone手机和过亿台iPad中,都是由富士康在中国组装生产,但中国仅仅获得占售价1.6%的组装人工费用,而苹果公司利润占到售价58.8%。在此之前,引起广泛关注和争论的DVD付费、GSM手机标准等事件也都是很典型的例子。

与此同时,由于外资企业对前沿技术的保守态度,国内产业升级的步伐受制于外方开放节奏,往往延误了产品更新的最佳时机。上汽集团桑塔纳轿车长期得不到更新换代,关键技术受控外方便是典型例证。随着加入WTO以后国内换取技术的市场空间逐步缩小,环境生态成本内部化等带来生产成本的上升，依赖外源式创新的产业发展面临越来越强的不可持续性，国际竞争能力提升步伐也有所放缓。今天中国企业对于成熟技术和产品的生产与科技创新行为之间还没有找到常规与特殊之间的能力平衡，企业界流行的所谓"不搞科研等死，主动科研找死"的心态，实际上反映出的就是企业运行还是没有找到近期常规发展与可持续发展之间的平衡机制，难以处理好日常经营收益能力与研发所需要的投入能力之间的平衡关系。换句话说，对创新缺乏信心，最后只能是跟在别人的技术后面爬行。

在此背景下，国家"十一五"规划提出通过大力推动自主创新实现重点跨越发展，鼓励以企业为主体的创新，加强知识产权保护，营造有利于科技创新的环境等等，自主创新战略被提到国家发展战略高度。2006年在全国科学技术大会上，胡锦涛总书记提出"到2020年把我们国家建设成为创新型国家"的发展目标。从现实条件看，推动产业自主创新已经具有一些基础条件：经过几十年发展，有了比较全面的产业体系和产业基础，科技人才规模与发达国家在不断缩小，居民消费能力和水平在快速提升，全球化进程也在不断深化等。当然也需要看到目前推动自主创新仍面临的一些障碍，如国有企业创新动力和效率较低，民营企业规模和实力仍较小，大学等公共科研机构创新水平仍有待进一步提升，实体创业的氛围亟须改善等。总体来看，自主创新仍是一个比较漫长的过程。

可以发现，后发国家在实现经济追赶的过程中，选取何种技术进步方式要充分考虑现实国情，科学分析和评估每种技术进步方式的收益和成本。尽管自主创新已经成为我国未来国家重要的发展战略,但并不意味着我们已经马上可以向外源式创新说再见。同样,这是由我国目前国情和所处发展阶段所决定的,中国是一个发展、转轨、开放经济中的大国,仍处于社会主义初级阶段,尽管这几十年来取得了不小的成就,但国民人均收入水平、产业技术水平较发达国家仍有比较大差距,在装备制造、生物制药、信息技术等方面尚未进入前沿行列,创新转型将经历比较长的时间。早前媒体曾经有过一场争论,讨论"四亿条裤子换一架空客飞机是否值得?"从经济学观点看,或者从整个国家的进步、发展意义上讲,毫无疑问,"四亿条裤子换一架空客飞机"不甘心,但还是要换。因为我们首先要参与分工,找到在分工关系中自己的位置,在"看懂"、"学会"的基础上才能进一步消化吸收创新。在加入世界市场分工体系的时候,只能从产业链的末端切入,然后向产业链高端爬升。从企业行为上讲,首先是跟着巨人走,然后是与巨人并肩走,再到踩着巨人肩膀走的过程。我们不能好高骛远。实际上,做四亿条裤子,只是简单地拿点加工费,没有自主知识产权,又没有品牌。我们只能在"看懂"和"学会"的基础上进一步消化吸收创新。我们的条件决定了未来一段时期,中国在大力推动自主创新的同时,仍应采取"两条腿"走路的技术创新战略。

如何推动产业自主创新?制度保障是一个重要方面,未来较长的时期内,政府的作用仍将不可或缺,政策重点应该聚焦提升创新成果质量、增强创新成果转化效率和构建形成可持续的自主创新模式三个方面,核心是建立以企业为核心的创新体系。可以采取的政策包括:科研方面,改革现有国

内创新投入和成果考核机制，对创新采取分类管理，对于应用型创新要加强企业的共同参与；推动企业之间、企业与科研院所之间的研发战略联盟；推动大型企业在国外技术研发集聚中心建立或收购研发机构。转化方面，大力扶持本土企业创业活动；鼓励风险投资和中心企业融资产品创新；加快国内统一市场的建设；增加国有企业和政府采购对本土新技术、新产品的需求。

从欧美发达国家和亚洲新兴国家产业技术创新的经验看，企业都在产业创新过程中扮演核心的作用。大多数对经济产生重要影响的应用研究和创新成果都来自企业。因此，在继续鼓励跨国公司在中国建立研发中心的同时，大力增强本土企业创新和创业活动，构建形成开放式创新体系，是我国经济转型过程中，至关重要的一个实现途径，能够在新的发展形势和环境下，实现产业的持续升级。

三、高新技术产业与产业技术进步

20世纪80年代后期开始,国家即结合当时经济条件,确立了通过大力发展高新技术产业实现产业技术升级的战略。"高新技术"表述源于美国的高技术(High Technology)概念,20世纪60年代,美国两位女建筑师合写了一本书,名叫《高格调技术》,提到人们对高技术这一新生事物的关注。70年代,高技术逐渐普及,泛指一大批新型技术产品和引发出来的一些变革。1983年,高技术一词首次被列入美国出版的《韦氏第三版新国际辞典增补9000词》中,将高技术定义为使用或包含尖端方法或仪器用途的技术。经济合作发展组织(OECD)将高技术定义为那些需要以充满活力和持续进步的研究和开发为基础的迅速发展和高度综合的经济部门。

围绕高技术定义产生了高技术产业。美国商务部把研发经费占总附加值10%以上或者科技人员占10%以上的产业界定为高技术产业。目前,比较公认的定义是经合组织的定义,将研究开发经费占销售额比重超过7.1%的产业称为高技术产业,研发费用比重超过2.7%的定义为中技术产业,2.7%以下称为低技术产业。符合这一定义的高技术产业主要包括四类：航空航天制造业、计算机与办公设备制造业、电子与通讯设备制造业、医药品制造业等。

"高新技术"的提法是我国从高技术概念延伸而采用的特定技术分类术语，综合了一般意义上对技术概念的两种分类方法，即按技术密集程度划分为一般技术、新技术和新兴技术，按照技术复杂程度划分为一般技术、先进技术和尖端技术。原国家科委从1988年7月开始实施的"火炬计划"最先将"高技术产业"延伸为"高技术、新技术产业"，将"高技术产品"变化为"高技术、新技术产品"，"高新技术"的概念因而就特指新型技术、创新的成熟技术以及专利技术、专业技术和本国本地区没有的技术。

表2　国家重点支持的高新技术领域

	技术领域
1. 电子信息技术	软件技术、微电子技术、计算机及网络技术、通信技术、广播电视技术、新型电子元器件、信息安全技术、智能交通技术。
2. 生物与新医药技术	医药生物技术、中药、天然药物、化学药、新剂型及制剂技术、医疗仪器技术、设备与医学专用软件、轻工和化工生物技术、现代农业技术。
3. 航空航天技术	民用飞机技术、空中管制系统、新一代民用航空运行保障系统、卫星通信应用系统、卫星导航应用服务系统。
4. 新材料技术	金属材料、无机非金属材料、高分子材料、生物医用材料、精细化学品。

续表

技术领域	
5. 高技术服务业	共性技术、现代物流、集成电路、业务流程外包（BPO）、文化创意产业支撑技术、公共服务、技术咨询服务。
6. 能源及节能技术	可再生清洁能源技术、核能及氢能、新型高效能量转换与储存技术、高效节能技术。
7. 资源与环境技术	水污染控制技术、大气污染控制技术、固体废弃物的处理与综合利用技术、环境监测技术、生态环境建设与保护技术、清洁生产与循环经济技术、资源高效开发与综合利用技术。
8. 高新技术改造传统产业	工业生产过程控制系统、高性能、智能化仪器仪表、先进制造技术、新型机械、电力系统信息化与自动化技术、汽车行业相关技术。

因此，高新技术产业特指以高新技术为基础，从事一种或多种高新技术及其产品的研究、开发、生产和技术服务的企业集合。高新技术产业是知识密集、技术密集的产业，根据科技部、财政部和国家税务总局2008年颁布的文件，高新技术领域主要包括电子信息技术、生物与新医药技术、航空航天技术、新材料技术、高技术服务业、能源及节能技术、资源与环境技术、高新技术改造传统产业八个方面。对于满足拥有自主知识产权核心技术，大学专科以上学历占员工总数30%以上（研发人员占比10%以上），研发费用占销售收入达到3%~6%（60%发生在中国），高新技术产品（服务）收入超过60%以上的企业，便可认定为高新技术企业。获评高新技术企业后三年里享受15%的企业所得税、

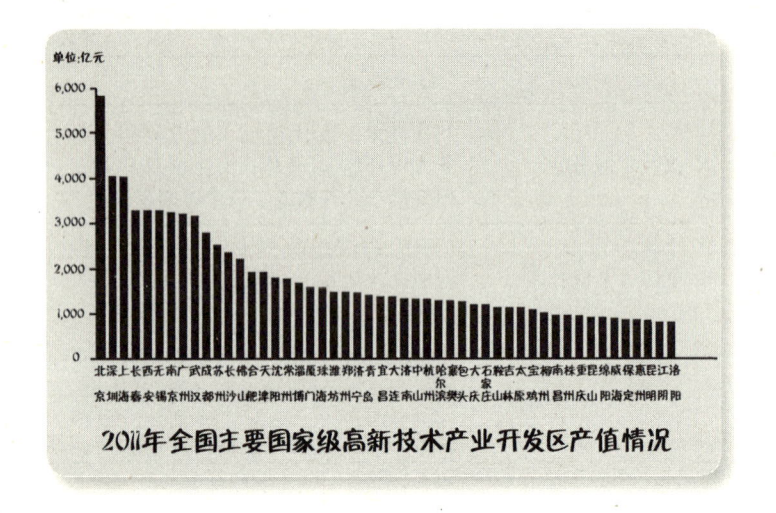

2011年全国主要国家级高新技术产业开发区产值情况

相关费用税前抵扣和研发补贴等优惠政策。

可见，高新技术概念与高技术概念相比，其涵义更为宽泛，而发展高新技术产业是一条适于中国特色的产业技术进步道路，同时也是一条后发国家在特定阶段快速实现产业技术进步的路径探索。与高技术产业相比，新技术产业在技术先进程度上有一定差距，但与传统企业相比，其以知识为主要特征的发展方式，在技术进步方面仍具有相对的先进性和经济性。在国家火炬计划、"863"计划、"973"计划等一系列高科技发展指导规划持续推动下，国内各省市地区掀起了创办高新技术产业开发区、发展高新技术产业的热潮。至2012年底，国务院先后共批准建立了105个国家高新技术产业开发区。开发区高新技术企业2011年达到5.7万家，总产值超过10万亿元，出口总额3181亿美元。依托高新技术产业开发区的产业技术进步战略，在推动创新成果转化、加快产业技术升级方面起到了重要的孵化平台作用。

第五章 科技创新与经济竞争力培育

但经过近三十年的发展，聚焦高新技术的产业发展战略也显现出一些问题。主要表现在两个方面：在技术水平方面，受市场发育条件、研发水平等限制，高新技术产业在发展过程中往往重"新"而轻"高"、重数量轻质量、重投入轻转化的局面，重要和关键性创新、自主和集成创新能力不足，造成高新技术产业"新而不高"。目前，高技术企业数量在整个高新技术企业总量中仅为1/3左右，且近年呈现下降趋势，而高技术产业产值不足整个高新技术产业产值1/10。在竞争力方面，高新技术产业"高""新"并举、全面开花、撒网推进的战略，造成政府、社会和企业资源的极大分散，许多地区借助外资实现快速突破，其结果就是真正做大做强，在国际上具有竞争力的本土企业较少，大部分产业在产业链上居于制造、装配等中、末端环节，呈现"多而不强"局面。从高技术产业产值中也可以发现，有相当一部分企业为外资企业,且多为出口。

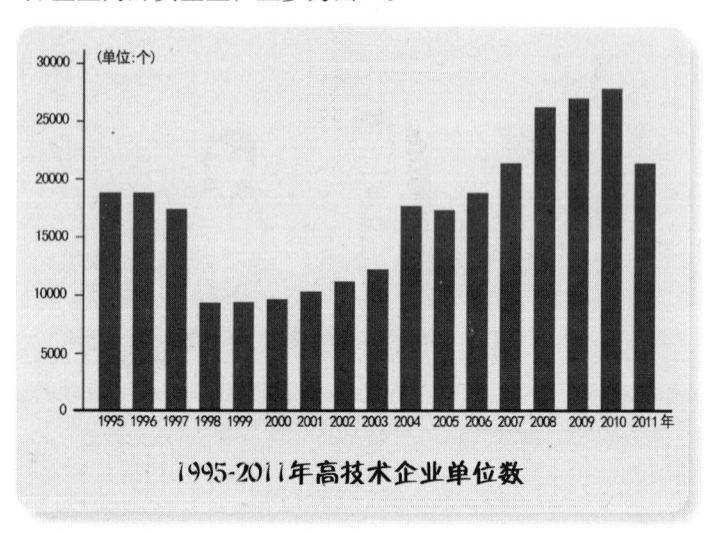

1995-2011年高技术企业单位数

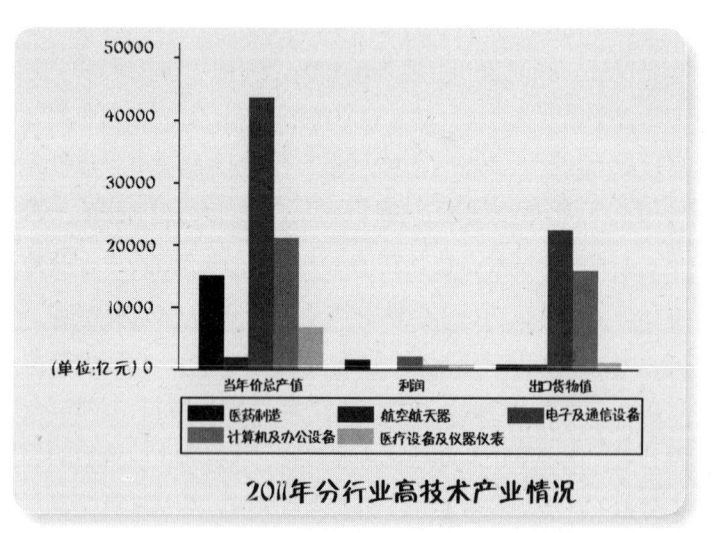

2011年分行业高技术产业情况

针对新技术产业战略实施过程中出现的问题,国家进一步对原有产业技术进展战略进行调整。2006年,国务院颁布《国家中长期科学和技术发展规划纲要（2006—2020年)》，提出"把提高自主创新能力作为调整经济结构、转变增长方式、提高国家竞争力的中心环节"，强调要"加强原始创新、集成创新和引进消化吸收后再创新"。在国家技术创新战略重大调整下，如何聚焦经济转型和可持续发展，选择在技术上更具引领性和带动性、在经济上更具有先导性和成长性的产业，作为技术进步的平台便显得十分紧迫。特别是2008年金融危机发生后，培育加快新的产业增长极也成为重中之重。

四、战略性新兴产业的理解与运作

战略性新兴产业发展战略的提出，简单来说就是由于资源有限、时间紧迫，国家对原有高新技术产业进行取舍的结果。战略性新兴产业特指那些以重大技术突破和重大发展需求为基础，对经济社会全局和长远发展具有重大引领带动作用，知识技术密集、物质资源消耗少、成长潜力大、综合效益好的产业。战略性新兴产业与原先的高新技术产业相比，共同之处在于对技术内涵上充分考虑了现实国情，既包括可能具有重大变革性的前沿创新，也包括在中国国内属于相对先进的技术创新。而两者最大的不同之处，除了战略性新兴产业在产业和技术领域选择上更具针对性、范围更小之外，战略性三个字更加注重在经济意义上的考虑，将创新更加紧密地与特定领域的产业发展结合在一起，强调特定产业在拉动经济、推动转型中的关键作用；在具体界定时，也以产业领域取代技术领域的提法。因此，战略性新兴产业关键在战略性，要看这个产业是否具备超前卡位的能力、技术关联拓展的能力和技术升级带动的能力。

发展战略性新兴产业是新时期、新阶段和新的发展条件下，国家产业技术进步战略的重大调整。进入21世纪后，伴随全球化进程不断深化，全球技术变革不断加速，产业国际竞争也日益加剧，2008年金融危机发生后，世界各国纷纷将发展新兴产业作为摆脱经济危机的重要战略，抢占未来经济科技竞争的制高点。从国内看，经过几十年的粗放式发展，产业升级发展和技术自主创新的紧迫性不断增强，如何推进中国特色新型工业化进程，提高发展的质量和效益成为经济调整的重点；与此同时，国内市场需求潜力和创新水平的提升也为培育发展战略性新兴产业提供了必要条件。正是在这一背景下，战略性新兴产业成为国家积极应对国内外形势变化的新的战略举措。

2009年，时任国务院总理的温家宝连续召开三次战略性新兴产业发展座谈会，提出发展新兴战略性产业，是中国立足当前渡难关、着眼长远上水平的重大战略选择，要以国际视野和战略思维来选择和发展新兴战略性产业。随后，国家陆续发布和推出了《国务院关于加快培育和发展战略性新兴产业的决定》和《"十二五"国家战略性新兴产业发展规划》等一系列文件和政策举措，提出要大力推动节能环保、新一代信息技术、生物、高端装备制造、新能源、新材料和新能源汽车七个战略性新兴产业发展，同时具体提出了二十个重大工程。在《"十二五"国家战略性新兴产业发展规划》中具体提出了产业发展目标和举措，包括到 2015 年，战略性新兴产业增加值占 GDP 比重达到 8%；到 2020 年达到 15%；同时将节能环保、新一代信息技术、生物、高端装备制造业等培育成为国民经济的主导产业，将新能源、新材料和新能源汽车产业培育成为国民经济的先导产业，使战略性新兴产业成为我国经济社会发展的重要推动力。

表3 国家战略性新兴产业领域

产业领域	
1. 节能环保	高效节能产业、先进环保产业、资源循环利用产业。
2. 新一代信息技术产业	下一代信息网络产业、电子核心基础产业、高端软件和新兴信息服务产业。
3. 生物产业	生物医药产业、生物医学工程产业、生物农业产业、生物制造产业。
4. 高端装备制造产业	航空装备产业、卫星及应用产业、轨道交通装备产业、海洋工程装备产业、智能制造装备产业。
5. 新能源产业	核电技术产业、风能产业、太阳能产业、生物质能产业。
6. 新材料产业	新型功能材料产业、先进结构材料产业、高性能复合材料产业。
7. 新能源汽车产业	以纯电驱动为新能源汽车发展和汽车工业转型主要战略取向。

培育和发展战略性新兴产业对我国经济转型和可持续发

展具有重要的意义，同时也是一项长期的、艰巨的系统工程。首先，战略性新兴产业的选择要具备科学性和动态性。与传统主导产业对现实经济增长的巨大支撑作用不同，战略性新兴产业大多在现实中尚未形成有效的经济规模，只是未来可能变成新的主导产业，在技术、市场和环境方面并不完全成熟，也即意味着战略性新兴产业和技术具有较强的不确定性，选择什么样的产业需要尊重客观的经济和技术规律，对前沿动向和国际格局有比较清晰的认识，同时在推进中需要根据情况变化及时调整。其次，战略性新兴产业的发展是一个系统工程。它的作用发挥并不单单直接体现在某个产业的产值和某项技术的突破上，更重要的是它对相关产业，甚至整个经济的溢出、辐射和带动作用，打造的是未来经济发展的火车头。这也决定了战略性新兴产业的发展必须具有全局和系统的眼光，不是就产业论产业，需要对相关辅助技术、产业的整体推进。近几年，在光伏和风电产业发展中，由于电网配套、能源价格机制等的不匹配所出现的问题即是很好的反例。再有，战略性新兴产业发展的驱动力量强调的是自主创新，并非是通过简单的对传统低端产业进行包装或是简单引进国外技术来实现，避免的正是过去技术引进—落后—再引进、产业被锁定在低端制造的被动局面。此外，鉴于中国的大国特征，大量同质产业的发展极易对国际市场竞争格局和价格产生消极影响，战略性新兴产业的发展还要尽量避免各个地区的产业同构现象。

如何发展战略性新兴产业？关键是建立以企业为核心、以市场为主要配置方式的产业和技术发展体系。一是实质性强化企业的主导地位。市场发现需求信息，容纳竞争博弈，

从而激发创新。要在进一步改革完善产学研创新体系基础上，重点科研项目选题、立项、成果转化等方面，树立企业的真正主体地位。同时推动建立企业技术战略联盟，把每个企业的资金能力联合在一起，降低研发风险，同时减少重复投资。二是加快构建统一的内需市场。战略性新兴产业面临的主要问题是市场发育不足的瓶颈，不同于过去国内传统产业发展主要是依赖外需和城镇化建设，战略新兴产业所涉及的产品和服务面对的是更高层次的需求，这就要求政府在继续拓展海外市场基础上，要消除阻碍国内消费瓶颈因素，释放内需活力；同时在初期充分发挥政府和国有企业在需求方面的引导作用。三是强化科技创新。加强高技能人才队伍建设和知识产权的创造、运用、保护、管理，实施重大产业创新发展工程，建设产业创新支撑体系，推进重大科技成果产业化和产业集聚发展。四是充分发挥政府在金融等领域的推动作用。加大财税金融等政策扶持力度，特别是针对战略性新兴产业高风险特征所带来的融资短板，建立稳定的财政投入增长机制；营造开放、公平、良好的实体产业投资氛围，引导民营资本进入；同时发挥多层次资本市场的融资功能，大力发展创业投资和股权投资基金。五是深化国际合作。"走出去"和"引进来"相结合，建立多种形式的国际科技合作与交流机制，引导外资投向战略性新兴产业，支持有条件的企业开展境外投资。

五、科技体制创新与科技的跨越式发展

从模仿创新向集成创新、原创创新转变是一个质的变化，实现跨越式发展必须有相适配的科技体制机制条件。自从新中国成立以来，中共中央在不同历史发展阶段都强调科技创新的重要性以及政府的核心作用。1956年中共中央制定了第一个科技发展远景规划《1956—1967年科学技术发展远景规划纲要》（简称《十二年规划》），此后先后制定了《1963—1972年科学技术规划纲要》（简称《十年规划》）、《1978—1985年全国科技发展纲要》（简称《八年规划》）、《1986—2000年科技发展规划》，以及《1991—2000年科学技术发展十年规划和"八五"计划纲要》和《全国科技发

展"九五"计划和到2010年远景目标纲要》等重要科技规划。

伴随科技规划的制定实施，科技管理体系也逐步构建成型。早在1954年，中共中央便明确由国家计划委员负责协调推动科技创新工作，1957年组建国务院科学规划委员会后，取代国家计委行使相关职能，并形成了由中科院、高等院校、中央各产业部门的研究机构和地方研究机构四架马车组成的科研工作体系，其中中科院承担着核心角色，至此也基本形成"最高决策机关—执行协调层—研发机构"三个层次的科技管理组织架构。改革开放后，自1985年中共中央《关于科学技术体制改革的决定》颁布以来，我国在科技体制改革方面进行了不少的探索和实践，取得了明显的成效。1996年国务院成立国家科技领导小组，1998年成立国家科技教育领导小组，执行协调层也扩展到目前的十个部门，但管理架构和体系仍延续原先计划经济时代。

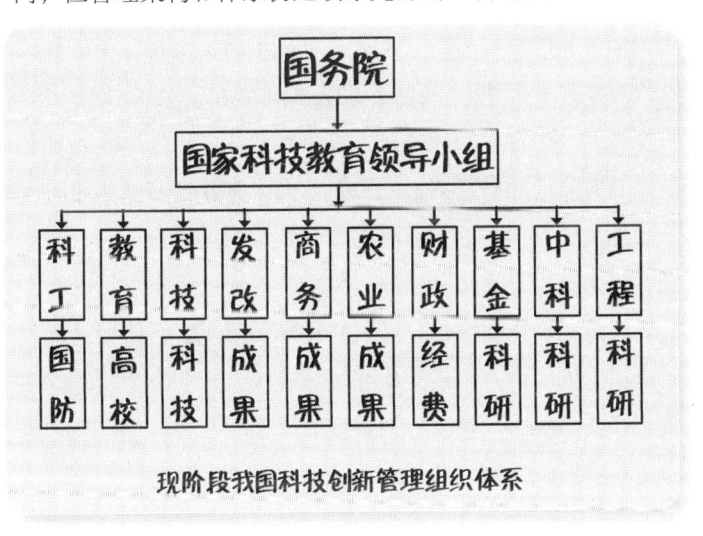

现阶段我国科技创新管理组织体系

从过去几十年的实际效果看，作为后发国家，政府主导的科技管理体制在集中全国科技资源、发挥集体协议精神方面有一定的优势，在各个历史阶段都取得了不同程度的技术进步，对经济发展起到了重要推动作用，科技创新体制机制也在不断调整适应变化的新形势。但是总体来看，主要的方式没有发生变化，即采用了高度集中的科技发展管理体系模式，强调政府在调配资源、组织科研和实施成果转化创新全过程的主导作用，创新活动的控制权掌握在几个特定部门（即科学技术部）手中。伴随中国经济发展阶段向知识经济转型，旧的科研体制与经济发展脱节和失配现象越来越凸显。主要表现在：现有科研管理手段仍旧非常传统，在科研投入规模、科研立项方式、科研成果评价激励、科研成果转化应用、科研市场秩序维护、科研专利制度创新、社会创新文化培育等方面，整个社会的科研体制很多地方还是沿袭计划经济时期的做法。而创新过程本身高度依赖理性和自由意志，从创新的底蕴考察，实质上就是不满足现状，突破和改变现行规则，不断"违规"的过程，包括一定程度上会违背现行的行为规则、流程规范和具体做法，从性质上与计划是截然对立的两种形式。在教育方面，学校以应试为主，不鼓励甚至压抑学生的创造精神，导致资源浪费且分散，自主创新成果特别是在国际上居引领地位的成果较少。另一个主要表现是创新主体错位，成果转化环节薄弱。科研经费和科研人员主要集中在科研院所和高等院校，企业研发投入比重较小和创新能力薄弱，导致许多成果无法及时转化，技术进步对经济增长贡献率提升困难。公共技术平台的建设相对滞后，小企业与先进技术及大企业之间呈割裂关系，只能依靠自我积累和自我探索向前缓慢推进，制约了创新的步伐。对知识产权和财产的保护欠缺，挫伤人们进行科学研究和创业的积极性。

科技创新从内容来看，不仅应包括自然科学知识、技术、工艺、配方成果等的改进，也包括人文社会科学知识的进步；不仅包括前半段科研成果的创新，还应该包括后半段成果的产业化。只有实现从科技投入到经济产出转化的全过程，一个创新周期才意味着真正结束。吴敬琏教授提出"制度重于技术"的观点，也充分说明科技体制创新对实现科技跨越式发展的重要性。那么科技体制创新应该怎么做？从目前看，有几方面是可以作为着力点大力推进的。一是坚持人才第一理念，切实营造有利于创新活动的环境氛围。人是诸种生产要素中最为核心的，如果没有人的能动作用，土地、自然资源、资本等都不会发挥作用，因此作为科技创新中最具能动性的战略要素，科技体制改革首先要调动两个积极性。一个是调动科技人员生产新知识的积极性。提高科学的原创能力需要宽松、自由的环境以及必要的待遇，同时需要改革现有科研成果评价体系，解决泛行政化倾向，激励约束机制从强调量向质转变，从单纯强调"学术"向服务社会转变。另一个是激发企业家进行创新、应用创新的积极性。相对而言，创新是一个长周期过程，充满了极大不确定性，对外部环境也极其敏感和脆弱，政府首先要创造保障企业长期稳定经营和有序竞争的市场机制，只有对长期投资的不确定性预期减少，企业才有动力实施创新；同时大胆探索"生产要素参与分配"的各种可能形式，倡导社会加强对创业失败者的关怀，褒扬失败后仍坚持不懈的精神，促使更多创新人才脱颖而出。二是重视现场主义的重要性，正确处理高技术与使用技术的关系。在创新实践中对创新项目实行分类管理，改进创新项目筛选方式，形成即期应用和实用技术开发以企业为主体，长期发展后备技术开发，以企业和科研院所共同努力，政府给予扶持的滚动机制，基础性研究以大学和科研院所承担的科技创新研究分工体系。三是积极培育社会中介组织，发挥第三部门包括科技、金融和法律财务等机构的服务作用。对于市场发育仍不完善的时期，要通过建设法制环境，疏通融资渠道，投资支持基础理论研究和公用技术等，鼓励和扶持中介组织的发育集聚，进而便利企业家与发明家之间、企业家与资本家之间的信息交流，降低交易成本。

第六章

组织管理创新与经济运行质量提升

我国正处于转型发展的关键阶段，转型对于国家而言，意味运行质量和持续发展能力的改变；对于特定产业而言，是产业链分工的优化和能级提升；对于企业而言，转型就具化为管理和组织能力的增强。因此，技术和管理创新是中国企业成功转型的两个轮子，也是经济运行质量提升的重要实现方式。

"创新"一词最早是由奥地利经济学家熊彼特在其1912年出版的《经济发展理论》一书中提出的,他将创新定义为"生产函数的变动",认为创新可以有多种表现形式,包括发明新产品、采用新生产方式、开辟新市场、控制原材料或半成品的新的供应来源以及利用新的组织形式等。可见,创新是一个基于企业为实施主体的微观概念,其内涵不仅仅是技术创新,还包括管理创新。

一、新时期经济发展中的组织创新

对于组织的定义,国外学者有过一个形象的解释,即组织就是把广泛而大量的任务分解为一些可以管理和精确确定

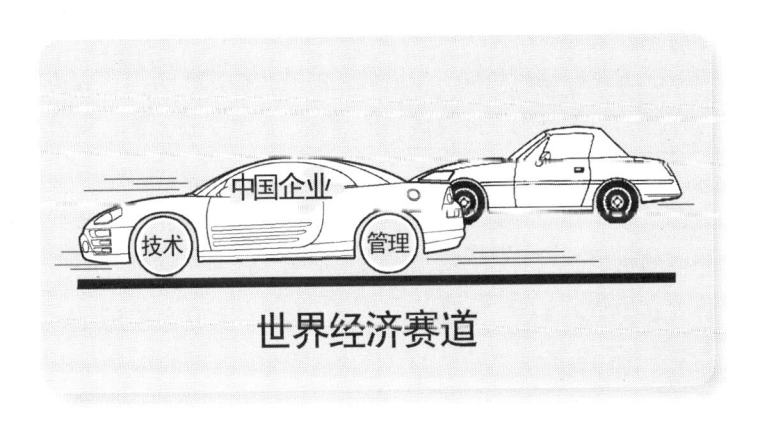

的职责，同时又能保证工作上协调的手段，简单说，组织就是负责分工协调。具体到企业组织，就是指为达到共同目标，通过分工协作而结合起来的一种经济组织。在经济学中，企业组织是与市场相对应的一个概念，1937年，美国经济学家科斯发表的文章《企业的本质》，对企业的源起进行了开创性分析，他提出企业的产生是因为在一定情况下，用它来进行资源配置，要比单纯依靠市场方式来进行资源配置更有效率，企业是市场的替代物。美国哈佛大学商学院教授、著名的企业史学家艾尔弗雷德·D.钱德勒在1977《看得见的手：美国企业的管理革命》一书中提到，美国大企业的成长得益于管理革命，即职业经理在企业管理只能上对企业主的替代，革命的结果就是"看得见的手"（企业内部行政协调）在许多方面替代了亚当·斯密"看不见的手"（市场协调）。

对于现存企业来说，组织创新是在约束条件变化情况下，通过对可利用资源组合的重新整合和配置，以适应环境并保持和提升组织分工效率和协调能力，进而实现组织持续生存和实现组织目标的重要手段。从这一定义中也可以发现，企业组织创新是经济发展和进步的产物，伴随企业成长而出现，目的是为了解决成长的烦恼。需要看到的是，规模较小的企业很少存在组织结构问题，这是因为这些小企业一般都是家族管理，家里的几个人一般就可以管理和掌握整个企业的全部大小事务。但当企业规模不断扩大，特别是伴随介入新的业务领域、地理区域的多元化和一体化发生后，如何有效地协调配置企业资源，解决管理复杂性给企业家带来的负担，从而保持企业较高的经营绩效就成为头等大事。

第六章 组织管理创新与经济运行质量提升

从历史上看，企业组织的发展是内外部因素互动演化的动态过程，当组织能够满足经济需求时，二者便能共同进步，反之要么组织迅速衰败被新的形式所取代，要么成为阻碍经济发展的桎梏。因此，作为资源配置的有效形式，适应内外部环境变化的企业组织的动态演进，成为其核心特征之一。组织变革的历史至少可以追溯到19世纪50年代的美国，铁路公司是历史上最早一批雇佣受过专业训练的职业经理、并发展出最早管理层级的企业。钱德勒在对美国企业史系统考察分析的基础上，认为工商企业通过其组织能力的发展，在美国、英国和德国的工业经济中发挥了核心作用，19世纪末20世纪初，使美国和德国超过英国的决定性因素不仅仅是物质资本的投资率，也不是政府、企业家个人品质或文化等，而是支撑了纵向一体化大企业发展的专业管理和组织体系的发展，一国的经济发展更关键地取决于建设企业层次上的组织能力。

进入20世纪末期，全球经济发展的阶段和环境再次发生大的变革，最典型有三个变化：全球化、信息化和知识化。经济全球化是当今时代的第一个重要特征。从产品环节看，全球化意味着企业潜在需求规模边界的扩大以及竞争的同步加剧，相应议价能力波动也更敏感；从生产环节看，全球化暗示着生产要素配置范围更广、流动更频繁，企业的生产将植入全球产业链，从而竞争的关键在于组织结构是否能高效地满足市场需求，同时更加经济、持续地维持高质量的产出。因此，全球化要求企业组织形式要服从全球的前沿法则，只有拥有最具竞争力的组织能力，才能获得竞争优势。20世纪七八十年代的美国许多行业在与日本等新兴国家的产业竞争中一度处于劣势,但是进入20世纪90年代后,美国又称为世界"新经济"的领导者,除了新兴产业的贡献外,对传统企业的组织变革也是重要因素之一。美国大幅改变以往传统企业中金字塔、过度集权的组织结构,完成了组织从纵向管理向横向的转变,进行了业务流程的重新设计,创建了国际战略联盟"虚拟组织"的形式,从而改变了国际竞争格局。

信息技术的发展是当代经济第二个显著特征。信息技术带来的变化在于,它既是企业组织创新的诱致性因素,也是其实现条件。新技术发展对企业经营带来了两个直接结果,首先是企业内部的市场化趋势。由于信息传递的及时性、便捷性和经济性,大大降低了个体间自由交易的成本,从而在企业内部进行类市场交易更为划算,这也为组织结构的变革提供了关键技术条件,由于延伸了管理者的组织能力,在企

业规模扩大的同时，企业不再需要和以前那样，相应增加管理层级和管理人员，从而使组织结构"扁平化"成为可能；同时信息传送的便捷性和扁平化的组织结构，使传统"一对多管理"可以向"一对一"管理转变，又为进一步实施分权和民主管理，探索更具弹性和个性化的管理体制创造了机会。其次，是外部市场的企业化趋势。由于信息传递突破了传统的地理、文化、成本等界限，通过企业战略联盟、辅助环节外包、市场合作竞争等，对企业成为可以选择的较为经济的组织方式；信息技术也使得企业规模的上限得到延展，企业和市场的边界不再是"楚汉河界"，而是更加紧密地结合在一起。

知识经济是当代经济第三个特征。世界经合组织（OECD）1996年发表了题为《以知识为基础的经济》的报告，对知识经济进行了界定，定义为建立在知识的生产、分配和使用（消费）之上的经济，意味着知识经济时代的到来。从生产和分配看，知识经济区别于以往时代最大的特征在于知识成为企业最核心的生产要素，但由于知识构成形态的复杂性，甚至很大一部分根植于知识生产者，从而人又成为企业竞争中的核心要素。这也体现为在企业生产中，无形资产投入开始占据日益重要的比重，有些知识型企业甚至绝大多数都是无形资产，因此知识经济时代企业组织变革的核心是如何高效配置人力资本。从消费看，知识经济的另一个变化是市场需求的多样性和多变性，美国心理学家亚伯拉罕·马斯洛于1943年在《人类激励理论》论文中提出了人类的五种需求，从低到高依次为：生理上的需求，安全上的需求，情感和归属的需求，尊重的需求，自我实现的需求。

知识经济时代的企业生产所满足的不仅是最高层次单一需求,更是五种需求的整体。个体判断多维性的客观变化,对产品的生产方式、个性化程度和创新周期提出了更高的要求,小批量、多式样、高度灵活和非标准化的柔性生产取代传统工业经济时代的大批量、流水线、高度规范和标准化生产,成为知识经济时代的主要生产方式。

二、组织创新的具体形式表现

宽泛的企业组织创新包括职能结构、组织体制、组织结构、运行机制、跨企业组织联系等多重内容,狭义的组织创新仅指组织结构创新。最初的组织创新来源于19世纪50年代美国大规模铁路建设时期,1855年美国伊利市铁路总管丹尼尔·C.麦克鲁姆给总段长办公室写了一封信,提到"一条50英里的铁路负责人可以对工程倾注个人全部心力,也许还可以参与某些细节的指导;每一个人都熟知他,所有与工程有关的问题可以立即被提出来并有效解决。但对于500英里甚至更长的铁路工程管理,这种管理方式就不起作用了"。这一特定历史阶段、特定的行业催生了现代公司制这一新的企业组织形式,同时在组织结构方面,形成了一套分权的事业部(M型)组织结构的雏形。

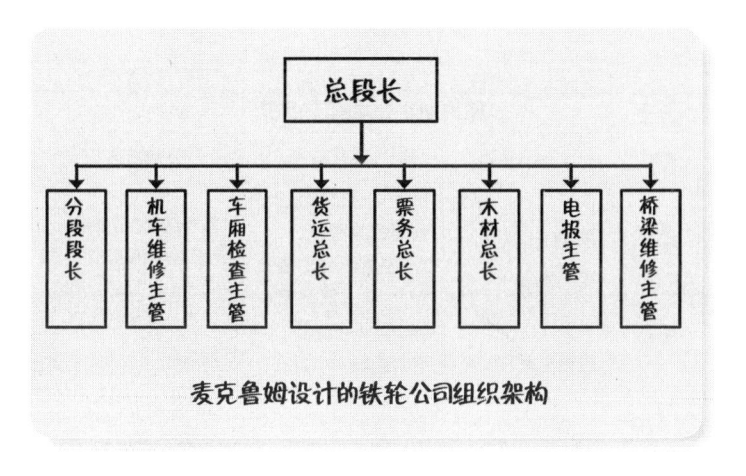

麦克鲁姆设计的铁轮公司组织架构

传统的组织结构主要有三种类型，直线型结构（简单结构）、职能结构和事业部结构，三种类型在时间顺序上有前后演变的递进关系。最初的企业组织形式是直线式组织结构，这是最早也是最简单的组织形式，其特征使企业各管理层级从上到下实行垂直领导，是"一对多"的典型命令链形式，一切管理职能基本都由主管自己执行。职能式组织结构是总部除主管负责人外，还相应设置一些职能机构，协助主管负责人从事职能管理工作，下级单位负责人除了接受上级行政主管人指挥外，还必须接受上级各职能机构的领导。事业部组织结构最早由美国通用汽车公司总裁斯隆于1924年提出的，也称为"联邦分权化"或"多部门结构"，一般用于规模大、产品种类多、技术较复杂的大型企业，企业按地区或产品类别分成若干个事业部，该区域或产品所涉及的绝大多数事宜均由独立核算的事业部负责，企业总部只对人事、预算和监督拥有决策权，通过盈利指标进行控制。

传统组织机构表现形式

类型	直线型结构	职能式结构	事业部结构
优点	快速、灵活；维护成本低；责任明确	适于技术较复杂企业；管理较精细；专门化带来成本优势	聚焦于结果；利于产品和服务成长
缺点	不适用大企业；依赖个人风险大	部门利益化倾向；多头领导	资源重复设置成本高；降低效率

知识经济日益占据主导的条件下，企业组织也相应会发生较大变化，这是外界环境因素和组织内部要素共同作用的结果，其实质是组织随环境的变化而进行的适应性协调进化，这种协调进化又表现为企业组织从一种形式向另一种形式转变和组织制度变迁。知识经济与传统经济企业组织形式最大的区别在于：传统经济阶段，企业组织结构多为机械式组织，清晰的指挥链确保权力等级制的有效性，多层级、标准化的管理层级使得管理跨度变窄，最高层与最底层距离的日益扩大，也使得需要用非人格化的规章制度替代管理层作用。知识经济阶段企业组织结构多为有机式组织，具有高度的适应性，没有标准化的工作和规则条例，松散的结构可以快速响应需求变化，对专业人员的分权也使得可以快速处理出现的问题。

传统经济与知识经济背景下组织形式差异

机械式组织	有机式组织
• 高度的专门化	• 跨职能团队
• 刻板的部门化	• 跨层级团队
• 清晰的指挥链	• 信息的自由流动
• 狭窄的管理跨度	• 宽泛的管理跨度
• 集权化	• 分权化
• 高度的正规化	• 较低的正规化

知识经济时代，为应对越来越动态和复杂的外部环境，组织需要变得简约、灵活和创新，需要变得更加有机化，以欧美为代表的发达国家企业管理者，创新了组织方式，比较典型的有四种：团队组织结构、矩阵—项目组织结构、无边界组织结构和学习型组织。

1. 团队组织结构

这种组织形式由谷歌公司联合创始人拉里·配奇和谢尔盖·布林创建，整个组织由工作小组或工作团队构成并完成，在这种组织中，不存在从最高层延伸到最底层的命令链，对员工有足够的授权，团队以自认为最佳的方法从事工作。在大型组织中，团队结构式职能型组织结构的重要补充，即保持科层制效率，又拥有一定的灵活性。亚马逊、波音、惠普等大型企业均采用这种组织结构。

2. 矩阵和项目结构

矩阵结构拥有的是双重指挥链，员工既听命于职能部门领导命令，也听从项目经理的命令，在双头领导能够有效沟通协调情况下，这种方式相对更有效率。矩阵结构最早应用于飞机制造和航天器械的生产项目中，最有代表性的公司是美国 ABB 公司，将公司按区域和业务维度划分为两条管理链，合资公司的总经理既向区域经理汇报，也向全球业务经理汇报。项目结构与矩阵结构的不同在于，成员在完成项目后并不返回原有职能部门，而是继续加入新的项目。这两种方式的好处都在于可以有效减少组织层级过多带来的决策缓慢、行动滞后等障碍，从而有效地完成工作。

3. 无边界组织

这种组织形式是指不被各种预先设定的横向、纵向的内部边界或外部边界所定义限制的一种组织，这一术语是由通用电气公司杰克·韦尔奇发明。一个典型的例子是位于瑞士日内瓦的粒子加速器，造价达到 60 亿美元，铺设在底下 175 米深、周长 27 公里的圆形隧道内，其庞大和复杂的运行方式，决定了必须依靠全世界的科学家跨越地域、组织和技术专业的限制，共同参与实验，分享成果。它的两种具体形式包括虚拟组织和网络组织，企业和只在需要时才雇佣外部自有职业的专业人员参与，此外仅拥有很少的管理人员；后者是将很多工序外包出去，形成一个松散的网络组织。

4. 学习型组织

最早于 1977 年由美国哈佛大学阿吉瑞斯（Chris Argyris）在《哈佛商业评论》上发表的文章《组织中的双环学习》所提出。在学习型组织中，员工持续不断地获得和分享新知识，并把这些知识应用于工作和决策中，员工得到充分的授权，管理者充当协调者、支持者和倡导者的角色。这种组织要求在企业结构中，必须克服各种壁垒和障碍，以最大化推进信息共享和协作。

知识经济背景下组织创新表现形式

团队结构	定义	整个组织由工作小组或团队构成
	优点	员工参与和授权程度高；组织内各职能领域间的壁垒或障碍更少
	缺点	没有清晰的指挥链；工作小组或团队绩效压力大
矩阵—项目结构	定义	矩阵结构指不同职能领域的专业人员组织分派从事某个工作项目，在完成后回到原部门，项目结构指员工持续从事某个项目，完成后转到另一个项目
	优点	拥有灵活、流畅的组织设计，能快速应对外部环境变化；更快速地决策
	缺点	为工作项目分派合适人员面临的复杂性；工作任务和员工性格间的冲突
无边界结构	定义	不受各种预先设定的横向、纵向或外部边界定义的一种结构，包括虚拟组织和网络组织
	优点	极高的灵活性和快速应对能力；能够有效地利用自己在任何地方发现的人才
	缺点	缺乏控制；沟通困难
学习型结构	定义	能使员工持续不断地获得和分享新知识并应用它们
	优点	在整个组织内共享知识，竞争优势可持续
	缺点	有些员工出于种种考虑不愿分享知识；大量经验丰富的员工即将退休

三、组织创新带来分工和合作关系完善

1776年英国古典经济学家亚当·斯密在日后享誉世界的著作《国富论》中,回答了国家财富如何增长的问题,其中提到了经济增长的内在逻辑路径,即经济增长源于劳动生产率的提高,劳动生产率提高源于分工和专业化,分工和专业化程度取决于市场规模,后来这一表述被称为"斯密定理",随后分工对经济增长的关键性作用被不断证实和凸显。同样是亚当·斯密在《道德情操论》(1759年)一书中,提到由于人们拥有天生的具有同情共感能力的同情心,人类社会才能克服强调私利所带来的道德和社会崩溃的可能,合作不仅是情感依存的需要,也是经济不断发展的重要保证。

分工和合作是引致经济发展的两面。广义的分工概念既包括同一企业内部的生产分工,也包括同一产业链不同空间(国内、国际)的企业分工,还包括不同产业之间的分工;合作也是如此,既可以理解为个体之间的合作,也可以扩展到企业与企业、产业与产业之间的合作。从微观层次看,分工与合作的不同在于,(生产)分工强调个体行为和个体利益,(生产)合作则强调集体行为和集体利益;从中观和宏观层面看,(产业)分工强调的是某个或某类组织的利益,

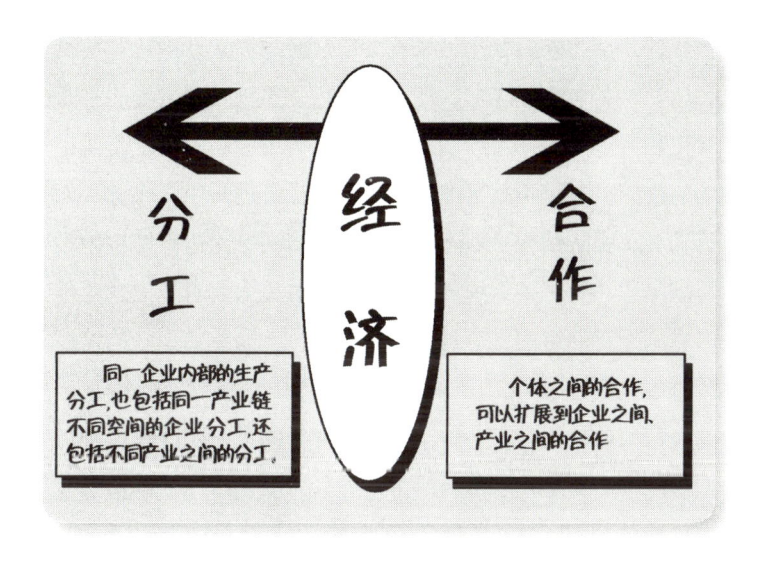

![图示：分工 ← 经济 → 合作。分工：同一企业内部的生产分工，也包括同一产业链不同空间的企业分工，还包括不同产业之间的分工。合作：个体之间的合作，可以扩展到企业之间、产业之间的合作]

（产业）合作强调的是共同利益。这两个词从字面理解是矛盾的，但是从现实看，分工和合作往往并行不悖，正是二者共同作用的发挥，整个人类社会才实现了和谐发展。

从企业组织角度，分工对内意味着生产分工，对外意味着产业分工；合作也有内外之分。组织创新和分工、合作之间的关系如同鸡和蛋，到底谁是因、谁是果，很难决断，但可以肯定的是，分工合作推动了生产率的增进、企业的成长，也推动了组织的不断演进创新，同时组织创新也在对分工和合作产生了反作用力，推动分工的合作关系的深化和完善。

那么组织创新是如何对分工产生影响的呢？前面对企业组织创新理论的回顾可以发现，组织变革是内外部因素共同变化和企业谋求成长的结果，其中最重要的两个因素，一个是外部需求的变化，一个是生产技术的革新。对于成长中的企业，外部需求的变化意味着市场规模的扩大，这是"斯密式增长"的主要动力源，即市场规模的扩大带来分工的不断深化和劳动生产率持续增进，企业对组织创新的需求是对市场的反应，也是不满足现有分工体系，对进一步深化分工的诉求。从团队结构、矩阵结构、项目结构、无边界结构到学习型组织，每一种组织创新都意味着对更大需求和更大范围内资源配置的努力，这种需求范围的扩大为更加小众的产品和服务（补丁市场）提供了市场。因此，组织创新所带来的经营绩效的提升，多数都来自于分工的进一步深化所释放的生产率。对于技术革新所带来的分工变化，由于同质型技术创新的结果往往是赢家通吃的零和博弈（The Winner Takes All），生产技术的革新所带来的核心生产要素趋于知识和人力资本密集型的变化，以及相应组织形式的有机化，本身就暗示着企业需要在尽可能大的范围内利用和配置资

源，也为小众技术提供了实现途径。这两个方面无疑都会刺激分工的不断深化。

组织创新也完善了组织内外部协作。现代经济复杂的需求和生产环境，知识密集型产品高风险性、高竞争性和高的交易成本，都使得单个企业或者单个团队的能力受到局限。因此，不仅是个体间的合作、团队间、项目间甚至企业间的合作都成为必要的生产和竞争手段。事实上，对于传统企业而言，随着企业规模的扩大和竞争的日趋激烈，对以强化内部合作为核心的组织创新，也有很大的现实意义。许多跨职能团队的组织结构，正是源于管理者发现，与传统直线型、职能组织等相比，工作团队更加灵活，更快地应对各种不断变化的事件。跨职能团队、特别行动组（为解决某个具体、影响多部门的短期问题组建的临时委员会或工作团队）、实践社区（共同关注同一事项或问题的群体，通过网络等平台，不断互动和交流深化他们在该领域的专业技能）等是企业为获得内部协作而进行的组织创新形式。为谋求外部协作而设计的组织结构，如开放式创新（研究工作向组织之外的其他人员和组织开放，以获得各种新的创意）、战略合作伙伴关系（两个或多个组织之间的协作关系，通过结合彼此的资源和能力实现共同的商业目的）等。前面我们所提到的依托复杂外包体系的苹果公司、日内瓦的对撞机项目等，都是这类组织创新的结果，同时也是现代知识型企业成长本身的特性所决定的。

企业产生的原因在于通过组织配置资源，一方面能够节约交易成本，同时另一个更重要的原因是通过组织协调，分工和协作比通过市场更加有效率，更有利于生产率的提高。

每一次技术变革和组织创新，都是企业对更高程度分工和协作、期望更高生产率的结果，而每一次成功的组织创新往往都会大大延伸分工和协作的经济边界，为深化企业成长的这两个本源方式带来新的空间，进而也带来当初在设计新的组织结构前所期望的经济目标。

四、管理创新的意义

所谓管理，简单来说，就是管理者所从事的工作，具体是通过对组织所拥有的资源进行有效计划、组织、领导和控制，实现既定的组织目标的过程，一句话概括就是以各种经济的手段配置资源以实现效益持续增进。在管理学中，有时将管理看成是一门艺术，暗示着管理的方式和手段多种多样，是差异性非常大的一个领域，从横向看，因地域、文化、行业、产品和服务等而不同；从纵向看，随经济背景、产业阶段、企业生命周期等而不同。管理无定式，但有一样是绝对的，那就是永恒的变化。而管理创新正是因为时空条件的不断变化，面对新形势、新情况、新问题时所必须采取的一种应对举措，从而确保组织目标的实现。

管理创新是比组织创新更加宽泛的一个概念，是指企业把新的管理要素（如新的管理方法、新的管理手段、新的管理模式等）或要素组合引入企业管理系统以更有效地实现组织目标的活动。它包括组织创新，也包括观念创新、制度、方法等的创新。管理创新的重要性在于使资源配置的方式发生变化，通过推动技术创新、提升资源配置效率巩固和提升竞争能力，进而改变行业和市场格局。相比之下，缺乏管理创新的技术和产品创新，企业往往无法保持优势。

首先，管理创新是企业的生存方式。全球化所带来的市场规模扩大和生产方式的革新，直接体现为企业竞争的加剧和国际分工协作的深化，特别是2011年我国加入WTO后，中国与世界经济的交往和融合程度大幅提高。2012年中国进出口总额达到3.9万亿美元，2011年时仅为5000亿美元，增长了7倍多；2012年外商直接投资1117亿元，较2001年实现翻番。商品、服务、资本、信息、资源、人才在全球范围内流动，企业竞争进入到前所未有的激烈状态。特别是对于我国而言，进行市场经济改革刚刚30年，私营经济的大规模兴起也是20世纪80年代末开始的事情，民间有所谓创业"80年代靠胆子、90年代靠路子、00年代靠脑子"以及"80年代是农民企业家、90年代是官员企业家、00年代是知识型企业家"的说法，从另一个侧面显示，我国现代企业的管理起步时间还很短，在缺乏大企强企、缺少百年企业积累背景下，对外的大规模开放所带来的竞争加剧，是一次大考验，大浪淘沙勇者胜，市场经济的典型法则是达尔文的优胜劣汰，坐标系的变化和参照标准的大幅提升，使得企业生存下来，出路只有一条，就是多变的环境中，跟上领导者的步伐，不断推动管理创新，提升企业竞争力，适应现代企业管理要求，只有这样才能在竞争中站稳脚跟。因此，管理创新是企业生存发展的内在要求。

其次,管理创新是做大做强的核心手段。企业要考虑做大做强的关键在于,产品和服务要拥有领先的品质优势,或是同样品质的产品和服务要拥有充分的价格优势,这两者都依赖管理创新。现代科学管理方法诞生于100年前的西方,漫长的企业史和经济史中,市场对各种形式的管理形式进行了筛选,不仅有成功的模式,也有成熟的实现条件,其成功在于"想做而且能做"。在过去30年中,许多中国企业要做大做强的方式多是采用模仿创新,从技术、管理到营销各个方面,全面引进推广,有些成功了,但多数遇到了"水土不服",根源有两个:一是大环境的问题,转轨期复杂的国情和政府体制环境的约束,使采用新模式的成本较为高昂,效果不明显;另一个是小环境的问题,即企业管理人员和普通员工的观念、技能等与引进的先进生产方式不匹配。在相当长的一段时间里,我国企业主要从事的是产业链低端的制造环节,附加值低、成长也很脆弱。伴随全球化、信息化和知识经济到来,有效需求的规模和偏好都发生革命性变化,且变化的周期越来越短,企业要做强、做大就需要不断推出新产品和服务,满足甚至主导不断变化的需求,"一招鲜,吃遍天"的时代正在成为历史,"天天鲜,也怕厌"成为主旋律,如果仍然固守传统坐商观念,绝大多数都将被市场所淘汰。大量现实案例也证明,重大技术创新如果与管理创新相脱离,创新过程往往无法真正有效地完成,新技术越复杂,对管理能力的要求以及相应变革的需求就会愈加迫切,有时甚至需要对原有的管理架构进行全面的整合重组,这是生产力发展的客观规律。此外,现代企业的核心特征是人力资本要素的凸显，根植于人身上的知识成为创新核心竞争力，因而创新能力的高低就看企业是否能够激发员工的积极性，与传统资本、普通劳动力等标准化要素不同，人的不同诉求客观要求更加灵活、多样的管理形式，进而对管理提出更高要求。

管理创新的灵魂是理念的变革，核心环节是处理好"人"的关系。推动管理创新，需要掌握形势变化，重点要在企业还有能力的时候，就能够有前瞻性的思考，推动观念转变，强化创新的执行力，只有不断创造和拥有新思想，企业才能常变常新。理念的变革不仅应该成为个体成员的行为，更应该成为企业整体的行为，只有企业上下达成共识，先进的理念才能够转化为实际执行力，在具体经营中发挥效力。企业管理创新正在成为主流趋势，我国拥有小国所不具备的天然市场优势，如同技术创新，中国企业应该在结合现有国情基础上，从模仿、集成到自主创新，在实现企业成长和产业突破的同时，最终构建形成中国式管理模式。

五、管理创新的典型案例和启示

未来的世界经济将是以知识为基础的新经济，而知识的核心载体是人，处于发展中阶段的中国企业管理如何应对这一严峻挑战？对于知识密集型经济，减少管理层次、加快信息传递和提升响应速度，从而积极掌握和满足需求变化是当务之举。对于以资本和劳动力密集型为特征的传统制造和服务型企业而言，供给市场的激烈竞争和需求市场的快速变化，也要求管理者要加快转变思维方式，从重视物的管理转向以人为本的管理，重新审视企业与社会的关系。因此，新的发展阶段，不论何种业态的企业发展，管理创新是要求，也是核心。以下一些案例为我们理解和洞悉管理创新的意义，提供了很好的启示。

案例1：联想集团"双业务"管理模式。联想集团成立于1984年，创立时家底仅有中科院计算机所投资的20万元人民和11名科技人员。30年后，联想成为国内第一大和世界第二大电脑销售商，分别占到国内外市场份额的1/3和1/7。2012年，联想集团销售收入达到340亿美元，净利润

"联想集团"双业务管理模式

联想构建了一个双业务模式(关系型和对交易型客户业务模式)

6.4亿美元，销售电脑5244万部，在金融危机下逆势大幅增长，远超行业平均水平。联想的竞争优势依靠的是持续的管理创新，在经历了2000年后业务分拆和多元化的失败教训后，2004年联想推动了两项重大变革，一个是将业务收缩；另一个是国际化，并购并整合IBM的PC机业务，从而实现了迅速的扩张。在大力推动技术创新的同时，联想的管理模式创新也成为成功国际化的核心因素。在发展中，联想发现在全球电脑市场中，以大企业、政府为主的关系型客户大约占30%份额，消费者看重产品价格和外观，购买时需要现场体验、咨询和购买；以中小企业和个人为主的交易型客户占70%，消费者更注重产品的定制性、安全性、稳定性和服务的特殊性，需要与PC厂家进行直接沟通。联想构建了一个独特的双业务模式（关系型和交易型客户业务模式），从研发、生产、营销到绩效考核等方面均采取不同的管理方法。对交易型客户，营销主要通过产品说明书、彩页等形式由渠道完成，绩效考核综合考虑团队和个人因素。对关系型客户（大客户），营销则主要通过企业参观、电话销售、直邮等直销手段，让客户感受联想的管理和服务水平，绩效考核主要是个人绩效。除此之外，在研发环节，联想为研发人员设计了双通道职业发展路线，即专业创新发展路线和行政管理路线，以确保研发人员也能够有很好的待遇，如联想首席科学家待遇和副总裁相当。联想管理模式创新为其在竞争和经济低迷背景下脱颖而出，作出重要贡献。

案例2：阿里巴巴中国特色的电商模式。1999年，马云与18位创始人在杭州市创立了企业对企业（B2B）的电子商务网上贸易平台"阿里巴巴"，2003年又出资创立消费者

阿里巴巴中国特色的电商模式

2010年阿里巴巴将淘宝、一淘、天猫、聚划算、阿里国际业务、阿里小企业业务和阿里云七大事业群整合为CBBS大市场(消费者、渠道商、制造商、服务)。

对消费者（C2C）和企业对消费者（B2C）的综合交易平台淘宝网，2004年成立支付宝，2012年将淘宝、一淘、天猫、聚划算、阿里国际业务、阿里小企业业务和阿里云七大事业群整合为CBBS大市场（消费者、渠道商、制造商、服务），被誉为是与雅虎、亚马逊、eBay、美国在线（AOL）比肩的五大互联网商务模式之一。2012年，阿里巴巴实现营业收入40.8亿美元，利润27.6亿美元，其中淘宝网交易额2012年突破万亿元，成为亚太最大的零售平台。阿里巴巴的成功源于对客户需求的准确把握以及相应进行的管理模式创新，阿里巴巴成立之时并没有简单复制国外以服务大型企业为主的B2B商务模式，中国的国情决定了中小型企业仍是经济发展的主流，因此阿里巴巴发展战略和商务模式主要瞄准中小型企业，在此理念下，又成功开发出淘宝这一日后带来稳定盈利的C2C新模式，紧接着又推出B2C业务，但阿里巴巴没有走亚马逊统一售配、从企业利润中抽成的赚钱老路，而是根据中国的情况，从最基础的替交易客户架设站点，再向在线资信、支出担保等辅助服务以及用户和订单管理拓展延伸，等企业交易发展到一定规模再谈及分成，从而避免了传统电商发展初期需要投入巨资建立仓储、配送中心的难题。阿里巴巴以 B2B 业务为切入点，围绕中小企业电子商务流程各环节，构筑了 B2B、C2C、软件服务、在线支付、搜索引擎、网络广告六大业务领域的电子商务生态圈，通过资源的整合应用最终发挥最大价值，实现了产业链的协同，从而开创了具有中国特色的 B2B、B2C 商业模式，极大地推动了国内中小企业发展，同时促进了电子商务的快速发展。

案例 3：腾讯的知识管理创新。1998 年，马化腾和人学同班同学张志东共同创设了深圳市腾讯计算机系统有限公

司，拓展无线网络寻呼系统，1999年受ICQ即时通讯软件的启发，开发并推出QQ产品（当时称为"OICQ"）。2004年在香港实现上市，到2012年末，腾讯注册用户超过10亿，活跃用户超过7亿，最高同时在线用户数达到1.8亿，成为中国最大、全球第三大互联网企业以及全球第一大即时通讯服务提供商。2012年实现营业收入438.9亿元，净利润123.3亿元。腾讯的发展深刻影响和改变了国内民众的沟通方式和生活习惯，并开创了一条互联网业务成功发展的模式。腾讯的成功在于紧盯客户需求变化，扣住知识管理创新，及时满足多样化需求。在创新方面，围绕技术研发、成果评价和转化全流程，在企业内部构建形成包括了腾讯研究院、创新中心、产品业务部门在内的完善的三级研发体系，在推进六大核心基础技术研发的同时，也保障了产品的应用化。值得一提的是腾讯公司2006年成立"创新中心"，专门负责创新业务，对内收集员工创意，对外汇总用户灵感，经过筛选评价后，由创新中心整体转移到一线业务平台，从而成为企业内部"创新孵化器"。对外，腾讯也通过全国性创新大赛、产品体验平台，联合研究院等，广泛吸收优秀的创新成果，鼓励各类人才创意纳入腾讯，坚持"不求所有，但求所用"，实现了创新成效最大化，成为开放式创新一个典型例证。

案例4：三一重工的售后服务创新。三一重工的前身是由梁稳根、唐修国、毛中吾和袁金华四个人在1989年共同创立的湖南省涟源市焊接材料厂，1991年更名为湖南省三一集团有限公司。到2012年，三一集团已发展成为中国最大、全球第五的工程机械制造商，业务范围涵盖150个国家，国内在北京、上海、沈阳、昆山、长沙建成五大产业基地，国外在印度、美国、德国、巴西建成研发制造基地。三一重工建造了中国第一台大排量高压力混凝土输送泵和泵车，亚洲最大吨位全液压旋挖钻机，世界第一台三级配混凝土输送泵和世界最长 86 米臂架泵车等，创造多项亚洲和世界纪录。2012 年三一集团实现营业收入 468 亿元，其中 1/5 来自海外，归属于母公司所有者的净利润 56.9 亿元。三一重工的迅速成长在于抓住了国内城镇化快速发展的机遇，同时也源于在激烈竞争中不断保持创新，抓住微笑曲线的两头：研发和销售服务，在不断推动技术创新同时，专注推动售后服务创新。为满足客户需求，三一集团自 1995 年以来，从保姆式服务、金牌管家服务到一站式服务、专家型服务，不断推陈出新，打造了著名的"三一金牌服务"品牌，成为行业服务标杆。三一集团在全国 20 多个城市建立了独一

三一集团的迅速成长在于抓住研发和售后服务，在不断推动技术创新同时，专注推动售后服务创新。

无二的6S店，把营销、配件、展示、维修、信息收集和客户培训六个功能集于一体；打造了数百个区域的配件厂，配件仓库数量为竞争伙伴的1.6倍；配件贮备量是竞争伙伴的1.5倍；花费4000多万元开设ECC控制中心，通过GIS、GPS等信息手段，了解售出的每一台设备在世界各地的工况，并为客户提供管理和维修服务。三一持续的服务创新，最终赢得了顾客，也赢得了市场。

案例5：上汽"人人都是经营者"管理模式。上汽集团前身为改革开放前的上海市拖拉机汽车工业，1978年实行公司制试点，后与德国大众组建合资公司，1983年组装生产出家喻户晓的桑塔纳品牌轿车。目前，上汽集团已发展成为国内最大的汽车上市公司和全球销量第八的汽车公司，到2012年底整车销量达到449万辆，实现营业收入4784亿元，归属于上市公司股东净利润207.5亿元。从20世纪90年代

上汽"人人都是经营者"管理模式

上汽集团已发展成为国内最大的汽车上市公司和全球销量第八的汽车公司。上汽集团将员工最大限度地划分为最小独立核算单位——经营体，并在经营体之间建立"买卖"、"服务"、"契约"三种带有市场特性的交换关系。

开始，上汽集团逐步探索形成了"人人成为'经营者'"管理模式，取得显著的经济效益。具体做法是将市场经济法则引入企业内部，将员工最大限度地按照业务特点、岗位性质、工序关联和协作关系划分为最小独立核算单位——经营体，并在经营体之间建立"买卖"、"服务"、"契约"三种带有市场特性的交换关系，将企业内部与经营管理相关的各种资源进行货币量化，构建内部交易结算价格体系，形成企业内部虚拟市场，同时应用"经营者"计算机管理系统，建立了以内部市场经营收益和管理项目考核收益为主体的经营体收入分配机制和长效激励机制，从而实现了员工自主管理、企业持续发展的新型的企业经营管理模式。上汽经营者模式的核心是"人本"管理，把市场机制引入企业内部，使研发到生产再到销售的整条业务链，同时成为企业内部用户链，构建了较为完整的内部市场。在这个内部市场中，每一个经营体要获得经营业绩，就必须以质量和服务赢得内部用户；所有经营体赢得了用户，企业也就以质量和服务赢得了最终用户，这是成为近些年上汽始终保持快速增长态势、不断扩大领先优势的重要原因之一。

案例6：海尔集团的"SBU"管理模式。海尔1984年创立于青岛，开始时只是一家资不抵债的集体所有制电冰箱厂，在张瑞敏带领下，经过三十年发展，成为全球最大的家用电器制造商之一和世界白色家电第一品牌，在全球拥有5大研发中心、61个贸易公司、21个工业园以及8万多名员工，产品销往世界160多个国家和地区，2012年营业额达到1631亿元，利润总额90亿元。海尔成功的诀窍之一在于能够抓住发展机遇，不断推动管理创新，在经营管理方面从全

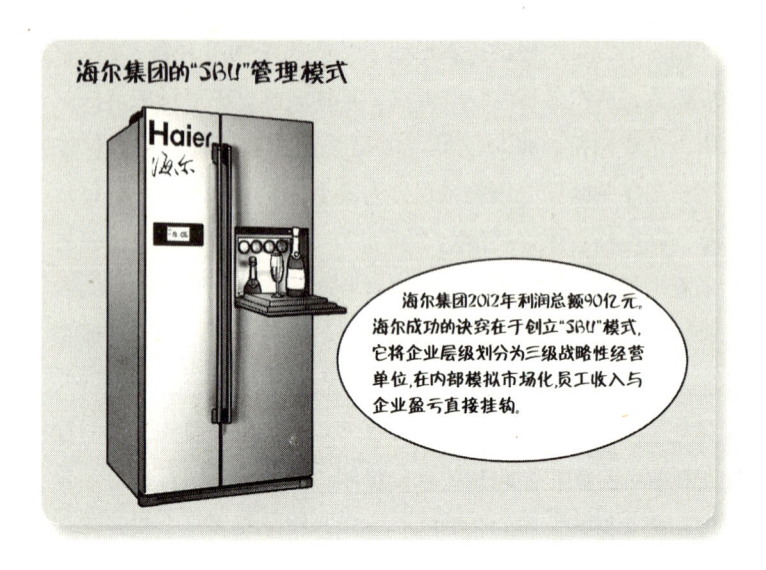

海尔集团的"SBU"管理模式

海尔集团2012年利润总额90亿元。海尔成功的诀窍在于创立"SBU"模式，它将企业层级划分为三级战略性经营单位，在内部模拟市场化，员工收入与企业盈亏直接挂钩。

员质量管理、全面品质经营（1984—1991年），到OEC管理（日清日高、日事日毕）（1992—1998年），再到"战略性经营单位"（简称SBU），推动竞争力不断提升，其中最为典型的是"SBU"模式，它将企业层级划分为S级SBU（本部长级）、B级SBU（事业部长级）和U级SBU（终端员工）三级战略性经营单位，在内部模拟市场化，将公司经营预算分解到个人，按照经营业绩兑现报酬，员工收入与企业盈亏直接挂钩。海尔"SBU"模式与上汽"经营者"管理模式较为相似，并已在世界上具有一定影响力。在这一模式支撑下，海尔构建了完善的营销、物流和服务网络，在全国建设了8000多家县级专卖店、3万家乡镇网络；建立了90余个物流配送中心，2000多个二级配送站，保障24小时配送到县，48小时配送到镇；布局超过15000多家服务商，提供及时上门、一次就好的成套精致服务。海尔对"人本"的重视，统一了企业与员工的利益诉求，实现了企业与用户沟通的零距离，也推动自身不断发展壮大。

案例7:"海底捞"的服务管理创新。1994年，四川拖拉机厂电焊工张勇在业余时间，用4张桌子卖起了麻辣烫。20年后，他创办的"海底捞"火锅店在京、津、沪等国内16个城市拥有75家直营店，2011年更在新加坡开设首家海外分店，并计划2013年试水美国市场，员工总数达到1.5万人。2012年"海底捞"实现营业收入31亿元，利润率超10%，跻身国内餐饮百强第31位。"地球人已经无法阻止海底捞了"，这条走红网络的评价充分印证了"海底捞"的崛起，百盛等餐饮巨头纷至取经，它的案例写入哈佛教材。一般认为竞争最激烈的餐饮市场中，"海底捞"为什么能够成功？关键在于抓住了服务业最核心的要素——人。"海底捞"管理最典型特征是人本原则，聚焦"人人都像老板一样用

心"的经营战略，通过利益共享将员工当成"家人"，包括为员工提供有空调、暖气和免费网络的住宿条件，专人打扫卫生，步行20分钟到店；建立寄宿学校解决员工子女教育；提供同业相对可观的薪水，优秀员工部分奖金每月直寄老家父母；构建了三条公平可选的晋升路线；将200万元以下财务权交给各级经理，授权员工免单权等，一系列创新将"海底捞"变成由15000名"管理者"组成的"合伙企业"。创新效果直接体现在高质量服务上，客人等待用餐免费提供擦皮鞋、修指甲、免费网络、水果拼盘和饮料、扑克象棋等消遣方式；用餐时服务生随时等候服务，为顾客赠送擦眼镜的绒布、绑头发用的发卡、避免弄脏手机的保护袋、儿童玩具、长寿面以及为感冒的顾客买药，洗手间提供一系列免费的香水和洗涤液等。企业用心对待员工，员工用心对待顾客，"人本"理念的切实贯彻形成了良性循环，造就了"海底捞"的成功。

六、管理创新的成功经验与普世价值运用

从前面多个案例中可以发现一些共同点，中国企业的管理创新基本上都是2000年以后逐渐成熟成型的，这与中国经济全面与国际经济转轨以及信息技术、新经济等的影响直

接相关；还有一个重要共同点是，不论制造企业，传统服务企业，还是新兴的电子商务企业，都围绕"人本管理"、"顾客导向"等理念，怀着勇于试错、承担风险的勇气，不断探索，用新的理念和方式改造企业，才有了这些企业的奇迹，有了中国产业竞争力的逐步提升。从"阿米巴"经营模式、海尔"SBU"模式与"经营者"管理模式，虽然是在不同发展背景与创新思维下形成的企业管理模式，但在企业经"内部市场化机制"的做法与理念上有很多极为相似的地方。当然，由于制度、文化、着重点的不同，其经营体划分程度、绩效考核、内部交易价格制定的技术和方法等方面存在较为明显的差异。这三种模式的共同存在，说明信息化时代的企业管理模式创新，在多家知名企业有着共通的理念与基本定位。而不论是联想、阿里巴巴、腾讯对顾客需求的及时反应，对核心生产要素——人力资本的高度重视，还是海底捞"情感管理"和"外星人服务"的成功，都意味着企业进行管理创新的空间有很大，关键在于对形势的科学认识、企业管理理念的勇敢革新和在执行上的强大魄力。

中国近百年断断续续的经济实践未能产生中国式管理模式，而从实践来看，经济发展必定会催生管理理论和管理方法的创新，新的管理理论和方法通常又是来自于企业，扩散于企业。20世纪初，以福特"汽车生产流水线"为代表的美国企业管理模式的形成，奠定了美国工业霸主的地位；20世纪50年代，以丰田"精益生产"为代表的日本企业管理模式的形成，奠定了日本工业强国的基础。因此，在不断推动技术创新的同时，总结并探索一套适合本国国情、与中国经济地位相匹配的本土企业管理模式，对于中国工业化的最终实现，具有至关重要的意义。

管理思想的产生有两个前提条件：一是深厚的文化底蕴，二是大量成功的商业实践。中国有着五千年文化的积淀和传承，"深厚的文化底蕴"是自不待言的。目前，中国已经是世界第二大经济体，如果恰如国内外很多经济学家一致预测的那样，中国经济在未来30年内超越美国，成为全球最大的经济体，那么，大量成功的商业实践这一条件也将具备。因此，未来30年将具备产生中国管理思想的前提条件。但具备条件，并不意味管理思想就会自动产生，它需要管理学界和企业界的共同努力，需要企业界对管理创新进行不断的探索和实践，需要全社会对管理创新进行研究、总结、提炼和传播。

无数成功企业的案例证明了管理创新的重要性，但也有许多案例也显示，无序、盲目、不切实际的创新也会带来灭顶之灾。作为内生过程的创新，有效地投入越多，收获的概率和数量也会越多。管理科学既具有自然属性，同时也有很强的社会属性，国内企业推动管理创新既要借鉴国外的先进经验，也要与我国的国情、社情和企情相结合。建设创新型国家、推动经济转型，要构建有中国特色的企业管理科学，学习借鉴国内外经营管理的优秀成果，准确把握社会主义市场经济条件下企业管理的特点和规律，探索形成既适于中国企业成长实践，又具有世界普适性的管理模式。有过去三十年的基础，再经过若干年的发展和政府、企业、学界共同努力，中国实践有望为世界管理理论作出自身应有的贡献。

第七章

可持续发展的中国经济

立足中国国情，推进经济建设、政治建设、文化建设、社会建设、生态文明建设"五位一体"互动协调，表现为人与自然、人与社会、人与人之间的新型和谐关系——可持续发展关系。

第七章　可持续发展的中国经济

改革驱动的创新,在思想理论上丰富形成了中国特色社会主义理论体系,指导建构中国特色的社会主义制度框架不断完善,开辟了一条中国特色社会主义建设的道路,为实现中华民族的伟大复兴的"中国梦"提供了可靠的保证。伴随全面深化改革的进程,加快经济发展方式转变,推进中国经济保持健康快速发展,成为当前经济工作的重要内容。立足中国国情,推进经济建设、政治建设、文化建设、社会建设、生态文明建设"五位一体"互动协调,表现为人与自然、人与社会、人与人之间的新型和谐关系——可持续发展关系。这保证了中国能够平稳地跨过"中等收入"阶段,到2020年,实现国民产出和居民收入翻一番的目标到2050年进入高收入发达国家行列。由此保持经济发展的可持续能力,不断加强中国经济的硬实力,在此基础上,中国特色社会主义事业支撑起对于中国特色社会主义的"制度自信、理论自信和道路自信",表现出中国为人类文明所作贡献的软实力。

一、以制度建设为抓手推进"五位一体"系统建设

中国特色社会主义事业的总体布局,是不断丰富和发展的。这种丰富完善的过程,也是治国理政、决策视野不断深

化、走向追求系统协同的过程。党的十二届六中全会确立了以经济建设为中心，坚定不移地进行经济体制改革、政治体制改革和加强精神文明建设的总体布局。党的十五大、十六大明确和重申了我国经济建设、政治建设、文化建设三位一体的总布局。党的十六大以后我们党提出了构建社会主义和谐社会的重大任务，是中国特色社会主义事业总体布局由三位一体扩展为包括社会建设在内的四位一体。党的十八大把生态文明建设提到与经济建设、政治建设、文化建设、社会建设并列的位置，从而把中国特色社会主义事业总体布局进一步扩展为五位一体。这对我们加快转变经济发展方式，走生产发展、生活富裕、生态良好的文明发展道路，形成节约资源和保护环境的空间格局、产业结构、生产方式、生活方式，建设资源节约型、环境友好型社会，努力建设美丽中国，实现中华民族永续发展，具有重大现实意义和指导意义。

围绕经济、政治、文化、社会和生态文明五个维度，推进中国特色社会主义事业前行，受制于中国国情，表现出多元交叉复杂的工作局面。因此，如何正确认识中国国情，正确认识我国当今社会所处的历史阶段，是建设中国特色社会主义的首要问题，也是制定和执行正确的路线方针政策的总依据。我们处理五大体系工作内容相互关系，致力于从制度建设上下功夫，十分重要。我国社会主义事业取得举世瞩目的巨大成就，但人口多、底子薄，发展不平衡，人口的平均教育文化程度偏低，仍然是我国的基本国情。我国经济社会生活中还存在着诸多矛盾和不协调的情况。具体说，尽管我国经济总量已经跃居世界第二，但是人均国内生产总值仍排

第七章 可持续发展的中国经济

在世界第 90 位左右；经济保持了持续快速发展，但发展中不平衡、不协调、不可持续问题依然突出，转变发展方式和深化改革任重道远；人力资源丰富，但高层次创新型人才匮乏，人口老龄化进程加速，劳动力低成本优势减弱；工业化、城镇化、农业现代化步伐加快，但工业大而不强，农业基础依然薄弱、农村发展相对滞后、农民增收困难的问题依然不少；思想道德建设取得重要进展，但一些领域道德失范、诚信缺失现象比较严重；全国人民生活总体达到小康水平，但城乡、区域和居民收入分配差距仍然较大，教育、就业、社会保障、医疗、住房、生态环境、社会治安、司法公正等关系群众切身利益的问题还较多，部分群众生活仍然困难；社会创造活力普遍增强，但影响社会和谐稳定的各种矛盾还不少；等等。诸多矛盾也可能交织叠加，解决的难度更加突出。这也从另一侧面烘托出建构"五位一体"顶层设

计的系统思维的科学性和深邃的人文底蕴。

基于这样的思想方法和认识透析能力,力求能动地驾驭"五位一体"的工作内容,党的十八届三中全会通过的《关于全面深化改革若干重大问题的决定》,致力于在制度建设上下功夫,突出了从体制机制创新为主要内容,重视对于制度的系统特性的互动演进,促成制度体系的关联带动机制,有助于整体推进与重点突破相结合,具有很强的可操作性,体现出改革推进的方法论,有助于改革朝着预定目标不断深化逼近,将会为中国经济保持稳定快速健康发展提供制度保证。

二、以全面深化改革驱动可持续发展,跨越中等收入发展阶段

目前我国人均GDP达到5400美元,已经跨入中等收入国家行列。国际经验证明,进入这一阶段,同时也是前期经济快速发展过程所积累问题不断凸显集中爆发时期。在拉美一些国家,曾经出现因为收入分配悬殊、社会矛盾频发,技术进步乏力或者是对外部技术的依赖,难以形成内生增长能力,导致发展停滞,甚至被称之为跌入"中等收入陷阱"。

第七章　可持续发展的中国经济

实际上，这一概念只是一个"经验性"的经济现象描述，这一现象的产生不是由单一原因导致的，是多种复杂因素相互交织、相互作用的结果。近两年我国经济增速出现了明显的放缓，一些人也担心中国经济是否会跌入"中等收入陷阱"。我们有必要在这里对此加以讨论。

我们还是从经济发展方式转型的现实的视角对这一问题加以考察。毫无疑问，像中国这样一个有着13亿人口的国家，在收获"改革红利"、"开放（全球化）红利"和"人口红利"[①]之后，如果不能尽快积累形成内生增长能力，也就是说在科技进步方面的自主创新能力、体制和管理的创新能力，就会形成对发达国家的依赖，形成一个不利的局面，这也是就是所谓"陷阱"现象的一个侧面。

所谓"中等收入陷阱"概念，是世界银行在其2006年《东亚经济发展报告》中提出的一个对经济发展现象的概括。诚然，如果一个国家在进入中等收入国家行列后，失去经济发展的动力，在世界经济分工体系中不具有竞争生存能力，人均收入始终徘徊不前，就会担心掉入"中等收入陷阱"。

其实，今天的发达国家在他们的发展进程中，同样面临过进入中等收入阶段以后如何保持经济的继续增长问题，只是它们提前解决、成功越过了"陷阱"阶段。比如，英国在进入中等收入阶段后，为减缓收入不平等的状况，采取税前收入政策和财产性再分配政策等措施，大大降低了英国的

[①] 所谓"人口红利"，是指一个国家的劳动年龄人口占总人口比重较大，抚养率比较低，为经济发展创造了有利的人口条件，整个国家的经济成高储蓄、高投资和高增长的局面。

人均收入不平等程度。由此缓解社会矛盾，维护发展的民间动力；日本在中等收入阶段，注重解决收入不平等问题，实施工资倍增计划，同时也注意处理好不断追加对技术进步的投入。而另外一个特别的因素就是全球化给他们跨过这一阶段制造了外部机会。20世纪60至70年代，东亚"四小龙"顺应全球化潮流发展起来，其实当时他们内部已经出现了结构性问题。韩国在中国改革开放后，借助中国巨大的需求实现了经济增长，跨过了中等收入阶段。与日、韩相比，拉美当时就没有这样的外部机会。今天的中国不可能有日、韩当年那样的外部机会，因为没有这么大人口体量的经济体来为中国提供市场。正是这样，重视内需市场的发展，维护居民消费能力的不断增长，就成为中国经济保持持续增长一个重要驱动力量来源。当然，我们需要正视自身经济结构存在的问题，我们对外贸的依存度是世界各国有史以来最高的；再说，中国的地区发展差距较大，东、中、西部，以及南、北部的差异都较大，表现在产业结构、人口结构、市场经济体制的发育程度等方面，形成了典型的区域特点。就内生能力而言，我们不同企业、不同区域之间也存在很大差异。实际上，这里的结构性问题具有双刃性，正视并加以有效处理，恰恰可以形成梯度的持续推进发展的潜在因素。

探讨中国如何跨过中等收入陷阱，其实质是中国经济发展的可持续问题。驱动经济可持续发展的根本力量应该是经济体制的可持续能力，在我国，经过了三十多年改革开放，获取了不少改革红利，体制改革正处在进行时，没有止境，换句话说，改革红利的释放，还有很大的潜力。跨越中等收入陷阱意味着最终实现了现代化和工业化。就工业化进程而言，中国也处在进行时状态，正是这样，经济学界主张以投资推动发展的理论观点正是以这一判断为依据，而且还可以从"人均资本装备水平"得到实证。跨越中等收入阶段，最应该关注的是促进生产性投资和创新的制度结构。这背后是技术进步的消化吸收再创新能力；二是能否实现劳动人口的高度城市化，从而大规模提高消费需求。十八届三中全会对"健全城乡发展一体化体制机制"的详细设计规划安排，逐一落实必将释放出天量的需求，以驱动中国经济的持续发展。

三、增强中国特色社会主义道路自信，推进经济可持续发展

如前所述，改革开放开辟了中国特色社会主义道路，改革没有完成时，只有进行时。十八届三中全会通过的《中共中央关于全面深化改革若干重大问题的决定》掀开了中国改革开放的新的历史篇章，高举改革旗帜，坚定走中国特色社会主义道路，既不走封闭僵化的老路，也不走改旗易帜的邪路，三十多年改革开放的成功经验已经证明，我们已经行进在一条适合中国国情的发展道路上。

道路，即通向目的地的路径。国家发展道路，就是国家实现复兴、走向富强的前行轨道。一个国家的发展道路选

择，既是国家治理指导思想的具体表现，也是治国方略和政策体系在实际经济社会生活实践中的具体展开；是这个国家经济社会制度的运行境界，也是这个国家动员各类资源、组织社会再生产活动的体制模式选择的具体表现。道路实践绩效直接检验证明了道路选择是否合理、是否科学、是否具有生命力，也启示了这个国家治理者及时调适、把握自身历史、解决经济社会发展现实与未来预期实现进程所面临的各类制约因素和国际环境的变化的驾驭整合能力。道路选择与执政的指导思想相关、与执政的制度选择安排相关、与执政实践的调适能力相关。选择什么样的发展道路，直接关乎发展进程是否顺畅、发展绩效是否理想。

改革开放三十多年的实践创新，带动了理论的创新和制度的创新，积累提炼并不断丰富形成中国特色社会主义理论体系，也廓清了中国特色社会主义发展道路，从"中国道路"所创造的"中国奇迹"（绩效）进一步增强了我们对"中国道路"的自信。

围绕发展生产力任务，改革开放成为驱动生产力快速发展的主要力量。改革，通过对资源配置方式的变革，调整改变了对经济活动参与主体之间的经济关系，释放出体制对经济活动当事人的激励"正能量"，使既有的资源有了更高的产出，国民经济配置运行的绩效大大改进；开放，引入外部的市场经济资源力量，包括资金、技术、市场需求和商务惯例规则，形成标杆对照和扩散示范作用，实际上也是一种特别的改革力量。实践证明，改革开放是中国经济快速发展的强大的引擎。改革开放实践，给社会主义实践注入活力，社会主义基本经济制度的内涵和理解更加科学。基于经济发

第七章 可持续发展的中国经济

的基础,引入"科学发展"、"自主创新"和"以人为本"和"划定生态保护红线"等新的理念,中国特色社会主义的建构,不断丰富完善,我们已经明确了中国特色社会主义建设五大内容(五位一体)的总体布局和体制机制建设任务,即实现经济、政治、社会、文化和生态文明,由此展现出中国特色社会主义的逻辑框架,这也是承继改革开放三十五年来中国共产党领导中国人民已经成功实践、并继续推向前进的一幅清晰的发展建设的蓝图。对此,党的"十八大"全面总结了我国改革开放发展的经验,对中国特色社会主义的丰富内涵做了新的拓展和深化,提出了"道路自信、理论自信和制度自信",表明"中国特色社会主义"理论与实践从指导思想的明确、理论体系的建构、实践探索的制度安排和工作推进都迈上了一个全新的阶段,为中国经济可持续发展提供理论指引、制度支撑。

附 录

迈克尔·波特的钻石理论和国家发展的四个阶段[①]

一、钻石理论

迈克尔·波特认为，一个国家的竞争力是由以下四个主要部分相互关联、相互作用而组成的：生产要素，需求条件，相关产业和支持产业的表现，企业的战略、结构和竞争对手。生产要素是构成了产业综合竞争力的基本条件；相关产业和支持产业的表现是构成产业综合竞争的支持平台；需

[①] 摘自：[美] 迈克尔·波特，《国家竞争优势》，华夏出版社，2002年版。

求条件是竞争的动力与源泉；而企业的战略、结构和竞争对手则是产业参与有效竞争的具体表现。

如下图所示，波特认为构成国家优势的关键要素有四类：

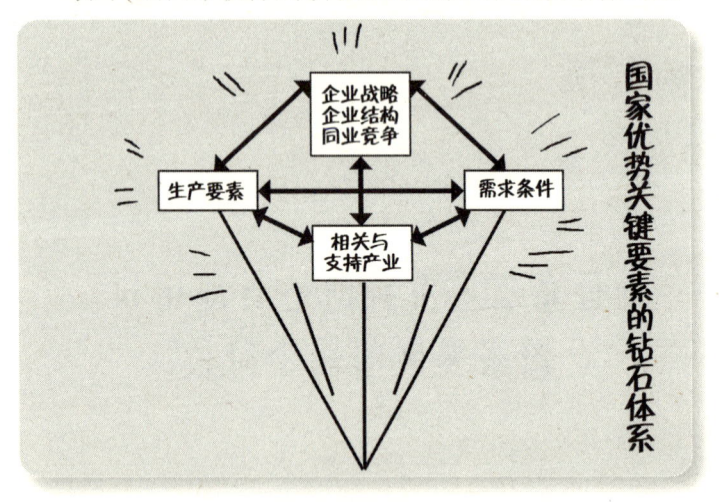

国家优势关键要素的钻石体系

（1）生产要素（一个国家在特定产业竞争中有关生产方面的表现）：包括人力资源、自然资源、知识资源、资本资源、基础设施等。

（2）需求条件：企业必须面对本国市场最初的健康度和竞争力状况。如果能在高度竞争的环境下生存，并通过满足本国市场需求得到发展，那么企业可以获得竞争优势。

（3）相关产业和支持产业的表现：这些产业的相关产业和上游产业是否具有国际竞争力。一个企业的经营要通过合作、适时生产和信息交流与众多的相关企业和行业保持联系，并从中获得和保持竞争力。一个国家要想获得持久的竞争优势，就必须在国内获得在国际上有竞争力的供应商和相关产业的支持。

（4）企业组织、战略和竞争状态因素：企业在一个国家的基础,组织和管理形态,以及国内市场竞争对手的表现。各类企业作为国民经济的细胞,有其不同的规模、组织形式、产权结构、竞争目标、管理模式等特征,这些特征的形成和企业国际竞争力的提高在很大程度上取决于企业所面临的各种外部环境。

钻石体系是一个双向强化的系统,其中任何一项因素的效果必然影响到另一项的状态。

二、国家经济发展的四个阶段

1. 生产要素导向阶段

这是经济发展的最初阶段。这个阶段中的钻石体系,只有生产要素具有优势。几乎所有的成功产业都是依赖基本的生产要素的。该阶段的特征:

(1) 在此阶段的本地企业,能够提供的差异化产品不多,所用的技术是广泛流传、容易取得的一般技术。企业本身能表现的技术主要是来自模仿,或是外商投资所引进的。而产业的优势主要来自于生产要素的低成本或地理位置的优势。

(2) 产品主要是满足消费者较低层次的消费需求,此阶段是以食品为特征的满足温饱阶段。

国家经济发展的四个阶段

（四）富裕导向阶段
（三）创新导向阶段
（二）投资导向阶段
（一）生产要素导向阶段

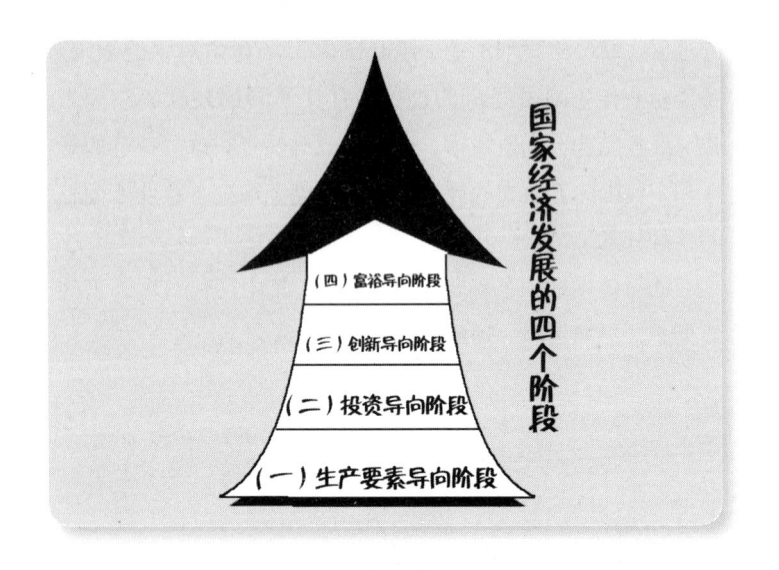

（3）相关产业和上游产业缺乏国际竞争力，产业的向前关联、向后关联和旁侧效应不能体现出来，产业之间缺乏交流，交互作用不明显。

（4）企业很少能与产品的最终顾客直接接触，海外市场的贸易机会也掌握在外国代理商手中。所以造成企业不具有国际竞争优势，基本上缺乏创新能力，没有能力参与国际竞争。

2. 投资导向阶段

在该阶段，国家竞争优势基于从政府到企业间的积极投资的意愿和能力。

（1）竞争优势很大程度上来自生产要素的改善。比如说：技术工人和专业人才的增加、企业开始建立国际营销渠道、教育和研究机构等生产要素创造机制的顺畅运行。

(2) 这个阶段所产生的竞争优势主要来自供给面而非需求面，能够在投资导向阶段脱颖而出的国家，大多数是国内市场需求较高的国家。

(3) 和生产要素导向阶段相比，处在此阶段的国家，已经能在更广泛的产业和产业环节中竞争，而且有些产业已有较高的进入障碍。在此阶段，相关产业和支持性产业通常还未发展，相关产业的生产几乎清一色来自外国技术、外国设备甚至外国零部件。

(4) 竞争优势部分由企业战略、企业结构到竞争环境等一连串改善而形成。

3. 创新导向阶段

许多产业已出现完整的钻石体系，钻石体系的所有关键要素不但发挥自己的功能，交互作用的效应也最强。该阶段的特征：

(1) 依赖生产要素而形成竞争优势的情形越来越少。企业除了改善国外技术和生产方式外，本身也有创造力的表现。许多产业因为蓬勃出现的新厂商而加速改善和创新的步伐，重要的产业集群开始出现世界级的支持性产业。大环境中，更高级的基础建设、研究机构与更具水平的大学体系也在形成中。

(2) 以食品为特征的满足温饱阶段发展到食品和其他物质消费并重的小康阶段。

(3) 下游产业的产品竞争力会带动上游供应产业；同样的活动也可能是由上游延伸到下游。竞争优势在产业间扩散。这时，国家生产力的提高并非依赖极少数产业的出口表现，而是由各种类型的市场表现撑起。

（4）企业会转战国际市场的差异化环节。它们的竞争虽然离不开成本，但更强调先进与高级的技术表现。竞争的焦点放在技术与产品差异上。受制造业发展的刺激，国内的精致化服务业也将国际化。在前两个阶段，该国服务业很少能在国际市场上抬头。政府最重要的影响力在于创造高级的生产要素，提升需求质量，例如，设定严格的产品标准、提高健康保险和环境保护等领域的水平。

4. 富裕导向阶段

由于以上三个阶段的财富大量积累，这个时期的驱动力量是所积累的财富。该阶段是一个转折点，经济可能由进步而走向衰退。这个阶段的主要特征是：

（1）过去成功积累资金也使国内资本市场结构出现改变，投资人的目标从积累资本变成保留资金。

（2）社会价值挂帅，人民对其他领域的工作兴趣远大于产业界。

（3）生产力的产业和产业环节逐渐失去优势。仍维持优势的四个产业：第一类是本国仍维持精致和高级需求产业，第二类产业是该国长时间投资特定领域所形成的，第三类产业是有抢先进入的优势产业，第四类是该国保有初级生产要素优势的产业。

（4）进入这个阶段，企业开始丧失他们的国际竞争优势，经济活动开始下降，企业并购比较繁多。许多企业规模开始缩小，重回价格竞争战场。